PLAIDOYER POUR UNE DOUBLE NATIONALITÉ EN RDC

Fondements juridiques et sociologiques

Collection « Études africaines »

dirigée par Denis Pryen et son équipe

Forte de plus de mille titres publiés à ce jour, la collection « Études africaines » fait peau neuve. Elle présentera toujours les essais généraux qui ont fait son succès, mais se déclinera désormais également par séries thématiques : droit, économie, politique, sociologie, etc.

Dernières parutions

Jean-Claude TCHEUWA (dir.), *Les organisations internationales africaines. Regards croisés et défis contemporains,* 2022.

Charlemagne SEGBEDJI, *Afro-brésiliens et processus de patrimonialisation dans le sud du Bénin. De la fin du XIXe siècle à nos jours,* 2022.

Guy Saturnin TSÉTSA, *Guide pratique de la saisie immobilière en droit Ohada*, 2022.

Ben Aymar BINASSOUA YEHOUESSI, *L'impôt en Afrique de l'Ouest francophone. L'exemple du Bénin,* 2022.

Fatoumata KABA, *Le droit minier et le droit au développement des communautés autochtones. L'exemple de la Guinée*, 2022.

Nico Shambouy MUAMBI, *L'impact de la décentralisation sur les municipalités en Afrique. Stratégies de développement local à Klouékanmè (Bénin)*, 2022.

Joseph ZIDI, *Histoire et usages du nom Kongo, Essai d'interprétation onomastique*, 2022.

Mohamed Ousmane KEITA, *Le Mali : l'État inachevé*, 2022.

Dominique OBA et Hilaire Kevin NZOUSSI, *Histoire de la République du Congo de 1958 à 2017*, 2022.

Saliou dit Baba DIALLO, *Vieillir en migration. Le cas des Soninké,* 2022.

Zacharie Babababaswe Wishiya

PLAIDOYER POUR UNE DOUBLE NATIONALITÉ EN RDC

Fondements juridiques et sociologiques

L'Harmattan

L'Harmattan 2023
5-7, rue de l'École-Polytechnique ; 75005 Paris

http://www.librairieharmattan.com

ISBN : 978-2-14-028827-2
EAN : 9782140288272

La question de la nationalité est un sujet sensible en République Démocratique du Congo, car selon la Constitution congolaise du 18 février 2006, telle que modifiée à ce jour, la nationalité congolaise est une et exclusive.

Chaque jour, en République démocratique du Congo comme dans la diaspora, des échanges aussi scientifiques que passionnés divisent les Congolais au travers d'âpres discussions qui finissent souvent par des voies de faits.

Aussi, lors de la campagne à l'élection présidentielle de 2006 en République Démocratique du Congo, des considérations liées à l'appartenance à la nationalité ont-elles conduit à des violences meurtrières entre partisans de plusieurs candidats.

Après l'élection présidentielle, les choses en sont restées là jusqu'en 2007, où l'Assemblée nationale s'était penchée sur la question de la double nationalité à travers un débat houleux à l'issue duquel les Députés nationaux ont fixé un délai de trois mois pour permettre aux Congolais détenteurs d'une nationalité de régulariser leur situation en choisissant entre la nationalité congolaise et celles qu'ils détiendraient, car les cas sont légion au parlement et dans l'administration.

Depuis, le débat a entre-temps été mis entre parenthèses et les institutions demeurent truffées des non ayant-droits en violation constante de la constitution.

Mais de temps en temps, le débat refait surface face aux intérêts politiques : le cas des belges Samy Badibanga, Beya Siku, Mwando Nsimba et Moïse Katumbi-pour ne citer que ceux-là- sont éloquents.

Alors que plusieurs Etats jusqu'ici réfractaires face à la double nationalité et à la limitation d'accès des étrangers sur leur territoire se sont ouverts à cette donne réelle qu'est la double nationalité en donnant des visas d'entrée dans leurs pays à l'aéroport pour faciliter l'accès à leurs fils et filles ayant acquis une autre nationalité (cas de l'Angola) ou encore en n'exigeant pas du tout de visa d'entrée pour leurs fils et filles ayant acquis une autre nationalité (cas du Rwanda), pourquoi ne pas autoriser officiellement-légalement- les congolais d'origine et, dans une certaine mesure, les étrangers nés des parents étrangers sur le sol congolais la double nationalité pour le bénéfice de la République Démocratique du Congo?

Au moment où l'ancien Premier Ministre français, Manuel Valls, d'origine espagnole et naturalisé français à ses 14 ans se présente aux élections en Espagne en 2018, pour quelles raisons la République Démocratique du Congo ne conformerait-elle pas à cette nouvelle donne comme le monde moderne l'exige?

D'où l'intérêt de ce travail qui se propose de donner quelques pistes juridiques et sociologiques en vue de la reconnaissance d'une double nationalité en République Démocratique du Congo aux congolais d'origine et aux étrangers nés des parents étrangers nés en République Démocratique du Congo.

Plusieurs chercheurs congolais et étrangers ont réfléchi avant nous sur la question de la double nationalité en république Démocratique du Congo et nous nous sommes abondamment servi des leurs conclusions par une étude comparative afin d'éclairer notre propre religion et de nous tisser notre propre conviction dont nous livrons ici l'essentiel.

Cet ouvrage s'intéresse à la question de la double nationalité telle qu'elle se pose au 30 juin 2018 conformément à la Constitution du 18 février 2006 telle que modifiée à ce jour.

Il comprend deux parties avec deux chapitres chacune. La première partie est consacrée aux fondements juridiques plaidant en faveur d'une double nationalité en République Démocratique du Congo tandis que la seconde porte sur les fondements sociologiques.

Alors que le premier chapitre de la Première partie présente la nationalité congolaise dans le droit congolais, le second planche argumente sur la reconnaissance de la double nationalité.

Dans la seconde partie, le premier chapitre met en exergue un éclairage sur les avantages de la reconnaissance officielle et légale de la double nationalité et le second chapitre donne des cas et des exemples des pays où la double nationalité est reconnue et/ou tolérée.

Première partie

Les fondements juridiques pour une double nationalité.

Dans cette partie, nous proposons des arguments juridiques qui plaident en faveur de la reconnaissance officielle-légales- d'une double nationalité en

République Démocratique du Congo aux congolais d'origine et aux étrangers nés des parents étrangers nés en République Démocratique du Congo.

Chapitre 1 :

La nationalité congolaise dans le droit congolais

La détention de la double nationalité par un certain nombre de personnes membres des Institutions de la République Démocratique du Congo est une réalité et un secret de polichinelle. Un bref rappel des débats qui ont eu lieu autour de la question relative à la nationalité en République Démocratique du Congo s'avère nécessaire.

Force est de reconnaître qu'en République Démocratique du Congo, la question de la nationalité fait couler non seulement encre et salive mais également du sang. C'est ainsi que certains groupes ethniques qui se sont sentis marginalisés, craignant l'exclusion et l'apatridie avaient jugé bon de recourir à la force afin de se faire reconnaître la nationalité congolaise pour intégrer la sphère politico-administrative et socio-économique du pays : les cas d'ethnies rwandophones à l'Est du pays par exemple.

En effet, au cours de quatre dernières décennies, les lois de la République relatives à la nationalité, ont été modifiées près de quatre fois, bien souvent au détriment de certains groupes qui ont été privés, par intermittence, de leurs droits à la nationalité congolaise. Ainsi donc, comme on peut s'en rendre compte, la question de la nationalité est un problème éminemment sensible auquel la République Démocratique du Congo a été et est encore confrontée d'autant que la nationalité confère aux citoyens des droits que les étrangers - entendez les non Congolais, ne peuvent exercer.

Dans le cadre de la recherche des solutions à ce problème, il y a lieu de rappeler que depuis l'Accord de Lusaka en 1999 jusqu'à ce jour, la question de nationalité a suffisamment évolué juridiquement, en ce que la loi sur la nationalité qui a été promulguée en novembre 2004, à l'issue d'un vote très serré au Parlement, confère à son article 6 la nationalité d'origine à toute personne appartenant aux groupes ethniques et nationalités dont les personnes et le territoire constituaient ce qui est devenu le Congo (présentement la République Démocratique du Congo) à l'indépendance[1].

Cette formulation est presqu'identique à celle consacrée par l'actuelle Constitution en son article 10 qui stipule qu'est Congolais d'origine, toute personne appartenant aux groupes ethniques dont les personnes et le territoire constituaient ce qui est devenu le Congo (présentement la République Démocratique du Congo) à l'indépendance[2]. Elle paraît plus permissive que celle arrêtée par l'article 6 de la Constitution du 1er août 1964, dite de Luluabourg. Aux termes de cet article, «la nationalité congolaise est attribuée, à la date du 30 juin 1960, à toute personne dont un des ascendants est ou a été membre d'une tribu ou d'une partie de tribu établie sur le territoire du Congo avant le 18 octobre 1908»[3].

Ces deux Constitutions sont les seules à avoir traité de la nationalité d'origine, les autres Constitutions intervenues ayant relégué ce problème à la loi.

C'est ainsi que la loi s'étant montrée tantôt permissive, tantôt restrictive, a engendré des tensions citées

---

[1] Art.6, Loi n°04-024 du 12 novembre 2004 relative à la nationalité congolaise.

[2] *Art. 10, Constitution du 18 férier 2006 tele que modifiée à ce jour.*

[3] *Art.6, Constitution du 1er Août 1964 , dite Constitution de Luluabourg.*

précédemment où les gens ont dû prendre les armes pour réclamer la nationalité congolaise[4].

1.1. De l'unicité et de l'exclusivité de la nationalité congolaise.

L'un des aspects les plus importants de notre loi sur la nationalité est l'unicité et l'exclusivité de la nationalité congolaise. Le fondement de l'unicité et de l'exclusivité de la nationalité congolaise tire sa force de l'article 10 de la Constitution de la République Démocratique du Congo, telle que révisée à ce jour, proclame: «La nationalité congolaise est une et exclusive. Elle ne peut être détenue concurremment avec aucune autre».

Ce double principe évoqué par la Constitution du 18 février 2006 avait déjà été affirmé par le Constituant de Luluabourg le 1er août 1964, ainsi que par toutes les autres Constitutions ultérieures. A titre illustratif, il convient de rappeler:

-l'article Il alinéa 1er de la Constitution de la République du Zaïre du 24 juin 1967, telle que modifiée le 15 février 1978 ainsi que les différentes modifications ultérieures;

- l'article 8 de l'Acte Constitutionnel de la Transition du 09 avril 1994 (J.O de la République du Zaïre, 33ème année, n°spécial, avril 1994)

- l'article 14 de la Constitution de la Transition (J.O, 44ème année, numéro spécial du 04 avril 2003).

Ce principe constitutionnel est repris à l'article 1er de la loi actuelle relative à la nationalité congolaise. Il en découle que l'acquisition par un Congolais d'une nationalité

---

[4] *Maitre Alexis Thambwe, Ministre de la Justice et Garde des Sceaux, « Réponse à la Question Orale avec débat du Député national Toussaint Alonga Likili », Plénière de l'Assemblée Nationale du 23/11/2016, Palais du Peuple, Kinshasa, s.p.*

étrangère entraîne ipso facto la perte de la nationalité congolaise. De même, l'acquisition par l'étranger de la nationalité congolaise entraîne de par ce fait même la perte de la nationalité étrangère.

1.2.De la *"ratio legis"* du double principe de l'unicité et de l'exclusivité de la nationalité congolaise proclamé par l'article 10 de la Constitution de la République Démocratique du Congo du 18 février 2006, telle que révisée à ce jour.

Bien que nous n'ayons pas de travaux préparatoires sur la Constitution de 2006, nous croyons qu'il s'agit du même esprit qui a animé le Législateur lors de l'élaboration de la loi de 2004 sur la nationalité.

Ainsi donc, ce double principe constitutionnel est rappelé au paragraphe 2 de l'exposé des motifs de la loi n°004/024 du 12 novembre 2004 sur la nationalité congolaise, adoptée en exécution de la résolution n°DIC/CPR/03 du Dialogue inter-congolais[5], de l'Accord global inclusif et de la Constitution de la Transition.

Les délégués au Dialogue inter-congolais avaient, en effet, décidé de mettre fin à la fracture sociale résultant de querelles relatives à la question de la nationalité d'origine, pour rétablir la paix sociale entre toutes les couches de la population se trouvant sur le territoire national.

---

[5] Forum s'ouvrant officiellement le 15 octobre 2001 à Addis-Abeba en Éthiopie durant la Deuxième guerre du Congo et réunissant 80 délégués représentant le gouvernement congolais (PPRD), les rébellions (MLC, RCD, RCD-ML), l'opposition politique et la société civile avec pour objectif de régler le volet politique de l'Accord de Lusaka dont le cessez-le-feu n'a pas été respecté depuis juillet 1999. Interrompu à plusieurs reprises, il mène à la ratification de l'"accord global et inclusif de Prétoria" le 2 avril 2003 à Sun City (Afrique du Sud

En effet, depuis l'accession de la République Démocratique du Congo à l'indépendance, la question de la nationalité se pose avec acuité, tant il est vrai que les populations étrangères qui ont immigré au Congo Belge lors de la colonisation n'étaient toujours pas considérées par les autochtones comme des populations nationales.

La question de la nationalité d'origine ayant été souvent reléguée à la loi, la loi n°1972-002 du 05 janvier 1972 relative à la nationalité Zaïroise avait réglé le problème dans le même sens que la Constitution de 1964, avant d'être abrogée par celle n°1981/002 du 29 juin 1981 qui rendait plus restrictif l'accès à la nationalité Zaïroise d'origine, mais tout en maintenant la règle de la nationalité Zaïroise une et exclusive[6].

1.3. De la nationalité congolaise d'acquisition.

L'article 10 de la Constitution prévoit la nationalité congolaise d'origine et la nationalité congolaise d'acquisition.

La nationalité congolaise d'origine est acquise à toute personne appartenant aux groupes ethniques et nationalités dont les personnes et le territoire constituaient ce qui est devenu le Congo (présentement la République Démocratique du Congo) à l'indépendance comme rappelé précédemment.

La nationalité d'acquisition s'obtient par l'effet de la naturalisation, de l'option, de l'adoption, du mariage ou de la naissance et de la résidence en République Démocratique du Congo.

---

[6] *Maitre Alexis Thambwe, Ministre de la Justice et Garde des Sceaux, « Réponse à la Question Orale avec débat du Député national Toussaint Alonga Likili », Plénière de l'Assemblée Nationale du 23/11/2016, Palais du Peuple, Kinshasa, sp.*

Ces différents modes d'acquisitions sont contenus dans la loi (n°04/024 du 12 novembre 2004).

1.4. De la perte de la nationalité congolaise.

La perte de la nationalité congolaise résulte de la déchéance ou de l'acquisition d'une nationalité étrangère. La déchéance est prononcée par le Gouvernement par voie de Décret conformément aux articles 27 à 29 de la loi. Quant à la perte à la suite de l'acquisition d'une nationalité étrangère, elle la conséquence du principe constitutionnel de l'unicité et de l'exclusivité qui veut que la nationalité congolaise est une et exclusive. Elle ne peut être détenue concurremment avec une autre nationalité.

C'est ainsi qu'aux termes de l'article 26 de la loi «toute personne de nationalité congolaise qui acquiert une nationalité étrangère perd la nationalité congolaise en vertu des dispositions de l'article 1er de la présente loi».

Si tous les Congolais pouvaient avoir la même lecture et la même compréhension de la Constitution et de la loi, personne ne saura affirmer qu'en République Démocratique du Congo, il y a des Congolais à double nationalité, c'est-à-dire des personnes qui détiendraient à la fois la nationalité congolaise et une nationalité étrangère.

Or, il y a effectivement en République Démocratique du Congo des étrangers qui se disent Congolais et tirent des avantages y afférents non pas grâce à la défectuosité du mécanisme de détection de l'administration, mais parce qu'ils se sentent Congolais et que leur deuxième nationalité n'est acquise que pour leur permettre de se mouvoir librement sur la planète terre en bénéficiant des avantages qu'offrent les passeports étrangers, notamment occidentaux .

Au fait, dans l'entendement ces personnes, elles se sentent congolaises avec la culture, la tradition, les et coutumes, la gastronomie et les noms congolais. Le passeport congolais ayant longtemps posé problème à des postes frontaliers de nombreux pays avec des tracasseries et des interrogatoires y relatifs, l'acquisition d'une deuxième nationalité, surtout occidentale, est une aubaine pour la plupart des Congolais.

1.5. Du recouvrement de la nationalité congolaise

Pour un sujet congolais ayant obtenu une nationalité étrangère, le recouvrement de la nationalité congolaise implique l'accomplissement des conditions prévues par la loi sur la nationalité.

1.5.1. Le principe

Aux termes de l'article 30 de la loi, «le recouvrement de la nationalité congolaise de la personne qui établit avoir possédé la nationalité congolaise résulte d'un Décret ou d'une déclaration suivant les distinctions fixées aux articles 31 et 32 de la présente loi. Le recouvrement par voie de Décret concerne les sujets étrangers ayant acquis la nationalité congolaise et qui l'ont perdue lors de l'acquisition d'une autre nationalité.

Par contre, le recouvrement par simple déclaration vise les Congolais d'origine qui ont perdu la nationalité congolaise par le fait de l'acquisition d'une nationalité étrangère.

Pour tout Congolais d'origine tout comme celui qui exerce dans les Institutions de la République, la seule voie c'est le recouvrement dont la procédure est la suivante:

1.5.2. La procédure

Le requérant au recouvrement de la nationalité congolaise dépose sa déclaration adressée au Ministre de la Justice par le truchement de la Direction de la Chancellerie du Ministère et ce conformément au prescrit de l'article 34 de la loi qui dispose: «Toute déclaration en vue d'acquérir la nationalité congolaise, d'y renoncer ou de la recouvrer dans les cas prévus par la présente loi doit satisfaire aux conditions suivantes»:

1. Être présentée en double exemplaire;
2. Comporter élection de domicile en République Démocratique du Congo de la part de l'intéressé;
3. Comporter la signature légalisée de l'impétrant;
4. Être accompagnée des documents qui sont déterminés par Arrêté du Ministre de la Justice et Garde des Sceaux délibéré en Conseil des Ministres;
5. Être adressée au Ministre de la Justice et Garde des Sceaux par lettre recommandée avec accusé de réception ou par porteur contre récépissé après remise des pièces requises.

L'arrêté ministériel n°261/CAB/MIN/J/2006 du 04 juillet 2006 portant certaines mesures d'exécution de la loi n°04/024 du 12 novembre 2004 relative à la nationalité congolaise détermine, en son article 8, les documents à produire à l'appui d'une déclaration de recouvrement de la nationalité congolaise. L'on ne peut solliciter le recouvrement de la nationalité congolaise qu'après avoir renoncé à la nationalité étrangère pour prévenir le cumul de nationalités.

Il sied cependant de retenir que le recouvrement n'est pas automatique dès lors qu'aux termes de l'article 33 de la loi, le Gouvernement peut s'opposer au recouvrement de la nationalité congolaise de l'impétrant pour indignité.

Bien entendu, comme pour toutes les décisions administratives, le rejet par le Gouvernement pour indignité, devra être motivé.

Si ces conditions sont réunies, le recouvrement sollicité de la nationalité produira alors des effets. C'est ici le lieu de souligner que le fait pour d'aucuns d'envoyer une lettre à l'Ambassade du pays dont ils ont acquis la nationalité, pour renoncer à cette dernière, ne donne nullement lieu, en Droit, au recouvrement automatique de la nationalité congolaise.

1.5.3. La prise d'effet

La déclaration n'a d'effet qu'à compter du jour de son enregistrement. Le Ministre de la Justice, après enregistrement par la Direction de la Chancellerie en charge des questions de nationalité, délivre à l'impétrant une attestation de recouvrement de la nationalité.

Chapitre 2 :

Les arguments pour la reconnaissance de la double nationalité

2.1. De l'unité et l'exclusivité de la nationalité congolaise à la reconnaissance de la double nationalité

A la teneur de l'article 10 de la Constitution de la République Démocratique du Congo (dans la suite: la RDC) du 18 février 20061, "la nationalité congolaise est une et exclusive. Elle ne peut être détenue concurremment avec aucune autre."

Cette disposition est reprise de l'article 1er de la loi n°004/020 du 12 novembre 2004 relative à la nationalité congolaise. Une de ses conséquences se trouve à l'article 26 de la même loi qui dispose que toute personne qui acquiert une nationalité étrangère perd la nationalité congolaise.

Il en découle que l'acquisition de la nationalité étrangère par un congolais et l'acquisition de la nationalité congolaise par un étranger entraînent la perte de la première nationalité, respectivement la nationalité congolaise et la nationalité étrangère. Quelles sont les raisons qui ont pu ou qui pourraient justifier la règle de l'unité et de l'exclusivité de la nationalité congolaise? Ces raisons sont-elles pertinentes au regard de la migration humaine actuelle? Ne faudrait-il pas envisager, aujourd'hui, la possibilité de la double nationalité conditionnelle pour les congolais?

Pour répondre à ces questions, nous adoptons le plan suivant: 1. La notion de nationalité en RDC; 2. Les fondements de la règle d'unité et d'exclusivité de la nationalité dans la tradition constitutionnelle congolaise;

3. Le bien-fondé de la double nationalité conditionnelle pour les congolais.

2.1.1. La notion de nationalité en RDC

Le législateur congolais l'a définie comme le lien de rattachement de l'individu à l'État. Ce lien est généralement déterminé par le "***ius sanguinis***" (le droit du sang) ou par le "***ius soli***" (le droit du sol). Le premier attribue à une personne physique la nationalité de ses père et/ou mère; le second permet d'acquérir la nationalité d'un État par la naissance sur son territoire. La nationalité congolaise est soit d'origine, soit d'acquisition individuelle.

2.1.1.1. La nationalité congolaise d'origine

Aux termes de l'article 6 de la loi n° 04/024 du 12 novembre 2004 relative à la nationalité congolaise (la loi sur la nationalité), "Est congolais d'origine, toute personne appartenant aux groupes ethniques dont les personnes et le territoire constituaient ce qui est devenu le Congo (présentement la République Démocratique du Congo) à l'indépendance."

D'après l'Exposé des motifs de cette loi, la nationalité congolaise d'origine est reconnue à l'enfant dès sa naissance, en considération de deux éléments de rattachement de l'individu à la RDC: 1°) sa filiation à l'égard d'un ou des deux parents congolais (***ius sanguinis***), son appartenance aux groupes ethniques et nationalités dont les personnes et le territoire constituaient ce qui est devenu le Congo à l'indépendance (***ius sanguinis et ius soli***); 2°) sa naissance sur le territoire de la RDC (***ius soli***). On peut être congolais d'origine par appartenance (art.6), par filiation (art. 7) ou par présomption de la loi (art. 8 et 9); à noter que la nationalité congolaise d'origine peut être perdue du fait de l'acquisition d'une nationalité étrangère.

Donc la nationalité congolaise d'origine est donc fondée sur le droit du sang (*ius sanguinis*) et sur le droit du sol (*ius soli*).

Néanmoins, la loi prévoit la possibilité du recouvrement de cette nationalité perdue. Ce recouvrement entraîne, à son tour, la perte de la nationalité qui a été acquise, donc la perte des avantages liés à la nationalité perdue. Ce qui constitue un manque à gagner pour le Congolais qui la perd face aux ressortissants d'autres pays et un manque à gagner pour la République Démocratique du Congo, lorsqu'il s'agit des fonctions internationales à ristourne régionale.

2.1.1.2. La nationalité congolaise d'acquisition individuelle

La nationalité congolaise peut être acquise par un étranger. La loi définit cinq modes d'acquisition de la nationalité congolaise: 1°) par l'effet de la naturalisation; 2°) par l'effet de l'option; 3°) par l'effet de l'adoption; 4°) par l'effet du mariage; 5°) par l'effet de la naissance et de la résidence en RDC4. L'acquisition de la nationalité congolaise entraîne la perte de la première nationalité.

2.2. Les fondements de la règle d'unité et d'exclusivité de la nationalité dans la tradition constitutionnelle congolaise

L'unité et l'exclusivité de la nationalité constituent deux facettes d'une même règle d'unicité: la première est opposable "***ad intra***" et la seconde opposable "***ad extra***". L'unité de la nationalité congolaise découle de l'unité et de l'indivisibilité de l'État congolais affirmées à l'article 1 de la Constitution.

La RDC n'étant pas une mosaïque d'États, on n'y connaît qu'une seule nationalité congolaise et non une nationalité plurielle. En d'autres termes, il n'existe pas plusieurs nationalités congolaises. On pourrait trouver dans cette règle une prévention contre les velléités sécessionnistes. L'exclusivité interdit au congolais la détention d'une autre nationalité.

L'unité et l'exclusivité de la nationalité congolaise figurent dans les textes constitutionnels, de la Constitution de Luluabourg du 1er août 1964 à la Constitution de la RDC du 18 février 2006 comme nous l'avons dit précédemment.

Sans en faire une règle dans une même formule, la Constitution de Luluabourg prévoyait déjà, en ses articles 6 et 7, les principes d'unité et d'exclusivité de la nationalité congolaise. À teneur de l'article 6 alinéa 1er, "Il existe une seule nationalité congolaise ". Quant à l'article 7, alinéa 2, il dispose: "Tout congolais qui acquiert volontairement la nationalité d'un autre État perd la nationalité congolaise".

Les Constitutions ultérieures n'ont fait qu'unifier par une formule synthétique et dans un seul article deux principes qui existaient déjà dans la Constitution de Luluabourg. Ainsi: l'article11, alinéa 1er, de la Constitution de la République du Zaïre (mise à jour le 27 juin 1988); l'article 8 de l'Acte portant dispositions constitutionnelles relatives à la période de transition du 04 août 1992 (non promulgué); l'article 9 de la Loi n°93-001 du 02 avril 1993 portant acte constitutionnel harmonisé relatif à la période de transition (JO, 34eannée, n° spécial, avril1993); l'article 12 de la Constitution de la Conférence nationale souveraine de Novembre1992 (jamais promulguée); l'article 8 de l'Acte constitutionnel de la transition du 09 avril 1994 (Cf. Journal officiel de la République du Zaïre (35e année), n° spécial, avril 1994); l'article 14de la Constitution de la transition (44ème Année Numéro Spécial 5 avril 2003); l'article 10 de la Constitution de la RDC du 18 février 2006.

2.3. Le bien-fondé de la double nationalité conditionnelle

Pour établir le bien-fondé de la double nationalité, il faut d'abord relever la raison d'être de l'unité et de l'exclusivité de la nationalité congolaise.

2.3.1. La "*ratio legislandi*" de l'unité et de l'exclusivité de nationalité congolaise

La "***ratio legislandi***" des principes de l'unité et de l'exclusivité de nationalité congolaise est rappelé au paragraphe 2 de l'Exposé des motifs de la loi sur la nationalité n°004/020 du 12 novembre 2004.

Cette loi a été adoptée en exécution de la résolution n° DCI/CPR/03 du Dialogue inter-congolais, de l'Accord global et inclusif et de la Constitution de la transition. Les délégués au Dialogue inter-congolais avaient décidé de mettre fin à la fracture sociale créée par la question de nationalité, afin d'établir la coexistence pacifique de toutes les couches sociales sur l'ensemble du territoire national.

La règle de la nationalité une et exclusive est, à son origine, destinée à pacifier les relations entre les habitants surtout de l'Est de la RDC qui comprennent les burundais et les rwandais.

En effet, depuis l'accession de la RDC à l'indépendance, la question de la nationalité s'y pose avec acuité. Les populations étrangères qui ont immigré au Congo-Belge lors de la colonisation ne sont pas toujours considérées comme nationales par les populations autochtones : cas des Banyamulenge.

C'est pourquoi, la Constitution de Luluabourg a précisé que la nationalité congolaise "est attribuée, à la date du 30 juin 1960, à toute personne dont un des ascendants est ou a été membre d'une tribu ou d'une partie de tribu établie sur le territoire du Congo avant le 18 octobre 1908" (art. 6 al. 1er). Cette condition d'établissement sur le territoire congolais avant le 18 octobre 1908 avait pour but d'assurer la cohésion et le vivre-ensemble des populations se trouvant sur un même territoire.

La loi n° 1972-002 du 5 janvier 1972 relative à la nationalité zaïroise poursuivait le même but. Son article 15 dispose: "Les personnes originaires du Ruanda-Urundi qui étaient établies dans la province du Kivu avant la 1er janvier 1950 et qui ont continué à résider depuis lors dans la République du Zaïre jusqu'à l'entrée en vigueur de la présente loi ont acquis la nationalité zaïroise à la date du 30 juin 1960".

Devant son inefficacité au regard, notamment, de la falsification des pièces d'identité, cette loi de 1972 a fini par être abrogée et remplacée par une autre, celle du 29 juin1981. Celle-ci rendait plus restrictif encore l'accès à la nationalité zaïroise qui n'est plus reconnue qu'aux originaires du Rwanda-Burundi établis dans la province du Kivu avant le 1er janvier 1950 à la suite d'une décision de l'autorité coloniale.

Elle maintient le critère d'une nationalité zaïroise unique et exclusive (art. 1er). Elle précise que pour être reconnu congolais d'origine, la tribu d'appartenance devait être installée à l'intérieur des frontières congolaises au 1eraoût 1885.

Devant l'impossibilité de déterminer avec précision toutes les tribus installées au Congo à cette période, cette loi a contribué à la dégradation des relations intercommunautaires.

Aussi, pour mettre fin à ce désordre sociopolitique et faciliter le vivre-ensemble, la nationalité congolaise a-t-elle été octroyée à toutes les personnes dont les ascendants font partie des groupes ethniques établies sur le territoire congolais à partir du 30 juin 1960 et les principes de son unité et de son exclusivité ont été repris. Néanmoins, ils ne sont pas toujours respectés. Certaines personnalités politiques congolaises détiennent, de facto, au moins une nationalité étrangère en plus de la congolaise.

D'ailleurs, il est de notoriété publique que certains dirigeants politiques sont binationaux, voire plurinationaux. La question a déjà été débattue à l'Assemblée nationale et le Bureau de la Chambre basse du Parlement congolais avait, en février 2007, adopté une solution politique en décrétant un moratoire pour des députés binationaux ou plurinationaux, afin qu'ils se mettent en règle ; à noter qu'il n'y a pas que des députés d'alors, beaucoup d'autorités publiques seraient dans cette situation.

2.3.2. La discussion des arguments possibles justifiant l'unité et l'exclusivité de la nationalité congolaise

1°) La "***ratio legislandi***" de l'unité et de l'exclusivité de la nationalité congolaise, on le sait déjà, réside dans la lutte contre la fracture sociale entre autochtones et congolais d'origine étrangère, surtout à l'Est de notre territoire, et dans la garantie d'une coexistence pacifique entre eux, dans le sens de permettre aux étrangers d'alors de s'intégrer, d'être intégrés et de se sentir chez eux en RDC.

Toutefois, en quoi ceux des congolais d'origine ayant acquis la nationalité étrangère, et ne vivant pas de surcroît toujours sur le territoire de la RDC, menaceraient-ils la coexistence pacifique en conservant leur nationalité d'origine? Non seulement cette raison n'est pas suffisante pour les priver de leur nationalité congolaise, mais elle ne me paraît pas les concerner.

2°) On pourrait aussi prétendre que les principes d'unité et d'exclusivité de la nationalité congolaise sont dissuasifs pour l'émigration et la fuite de cerveaux. Certes, lorsqu'on est attaché à sa patrie on peut difficilement renoncer à sa nationalité d'origine. Pourtant, la réalité montre que la nationalité une et exclusive n'a pas arrêté l'émigration.

Le problème se situe au niveau des conditions socio-économiques. Les congolais ayant acquis la nationalité étrangère ne l'ont pas fait de gaieté de cœur.

C'est pour des raisons de sécurité existentielle. Si cette sécurité était dignement assurée, le nombre d'émigrés diminuerait sensiblement, car parmi eux on trouve souvent des cas économiques et sociaux.

De même, la tendance à chercher la nationalité étrangère n'aurait pas eu autant de proportion aujourd'hui. Les Français, les Suisses, les Canadiens, les Américains ne courent pas après la nationalité étrangère. Leur mobilité n'est pas aussi réduite que celle des Congolais, pourtant leurs États prévoient la possibilité pour leurs ressortissants d'acquérir une nationalité étrangère sans perdre leur nationalité d'origine.

3°) La procédure d'obtention du visa d'entrée et de séjour dans les États africains n'est pas aussi compliquée et rigide pour les occidentaux que celle tendant, pour les Congolais, à obtenir un visa d'un État occidental.

Par ailleurs, le visa congolais est des plus chers au monde. Les congolais d'origine ayant acquis une nationalité étrangère et qui doivent retourner chez eux renflouent des caisses des consulats qui doivent fonctionner, certes. Mais, lorsqu'il existe une urgence, par exemple un investissement au pays, un décès ou encore une maladie grave d'un parent, l'obtention du visa prend relativement du temps.

4°) Par le sang, on ne cesse pas, du moins dans le cœur ou psychologiquement, d'appartenir à son État d'origine dans lequel se trouve le plus souvent toute la grande famille. La législation congolaise devrait tenir compte de cette réalité évidente et profonde, en conservant la nationalité congolaise d'origine au bénéfice de celles et ceux qui n'y ont pas renoncé expressément et volontairement lors de l'acquisition de la nationalité étrangère.

On peut objecter que lorsqu'on est conscient de l'unité et de l'exclusivité de la nationalité congolaise, acquérir une nationalité étrangère est l'expression manifeste de la renonciation volontaire à la première. C'est un raisonnement formellement logique, mais pas toujours matériellement vrai.

Car, à l'acquisition de la nationalité étrangère dans certains États qui connaissent la plurinationalité, comme la France, on répond formellement à la question de savoir si oui ou non on renonce à la nationalité d'origine, sans considération des dispositions de la législation d'origine.

On peut donc acquérir la nationalité étrangère et perdre "***ex lege***" la nationalité congolaise, mais sans forcément vouloir y renoncer.

2.3.3. L'ouverture à la double nationalité

La possibilité d'une double nationalité doit être prévue pour les congolais d'origine et pour les ressortissants des États dont les lois n'excluent pas cette possibilité et qui sont devenus congolais par acquisition de la nationalité. De même des étrangers nés des parents étrangers sur le sol congolais peuvent prétendre à acquérir la nationalité congolaise. La législation congolaise sur la nationalité est à réformer.

Elle doit prévoir une exception au bénéfice des congolais d'origine ayant perdu, malgré eux, la nationalité congolaise du fait de l'acquisition d'une autre nationalité, en leur permettant de conserver leur nationalité d'origine et permettre aux étrangers nés des parents sur le sol congolais. En attendant cette réforme bénéfique pour les congolais et la

République Démocratique du Congo, on peut, par un acte de l'Exécutif, dispenser les ex-congolais qui ont acquis la nationalité étrangère et les étrangers nés des parents étrangers sur le sol congolais au moins de l'obligation du visa d'entrée et de séjour sur le territoire de la République Démocratique du Congo.

D'autant que leur présence à l'étranger profite à la population congolaise, non seulement à travers l'aide financière accordée à leur famille, mais aussi par des fondations et des projets concrets de développement tendant à l'amélioration des conditions sociales. Ils viennent ainsi en aide aux insuffisances de l'action étatique.

Le minimum de bien être intégral assuré par le développement économique, la sécurité sociale et l'ouverture de la nationalité congolaise constituent la meilleure arme pour lutter contre la fuite de cerveaux et l'émigration en général. À cela il faut ajouter la sécurité juridique, notamment la garantie effective des droits civils et politiques. Cette garantie ne peut être assurée que par une justice effectivement indépendante.

Pour éviter tout conflit d'intérêts ou de loyauté, le binational sera privé de l'exercice de certains droits politiques. L'unité et de l'exclusivité de la nationalité congolaise constitueront une condition sine qua non pour exercer certains mandats politiques ou publics. Par exemple, le binational ne pourra pas être éligible à la présidence de la République, ni à celle d'une chambre du parlement; il ne pourra pas non plus être nommé premier ministre, ni ministre de l'intérieur, ni ministre des affaires étrangères, ni à la tête d'une entreprise publique.

DEUXIÈME PARTIE

LES FONDEMENTS SOCIOLOGIQUES POUR UNE DOUBLE NATIONALITÉ.

Chapitre 1er :

La double nationalité· un secret de polichinelle

Le débat autour de la double nationalité est une réalité en République Démocratique du Congo si bien que les Députés Nationaux s'en sont saisi à travers les Députés Toussaint Alonga Likili et José Makila Sumanda qui ont tour à tour suscité une question orale adressée au ministre ayant la Justice dans ses attributions Maitre Alexis tambwe Mwamba et une motion incidentielle lors d'un débat à l'Assemblée Nationale.

La question orale du Député national Toussaint Alonga Likili et plus tard la motion incidentielle initiée en 2007 par le Député José Makila Sumanda se fondaient sur l'article 10 alinéa 1er de la Constitution, qui est lui-même une reprise de l'article 1er de la loi 004/024 du 12 novembre 2004 relative à la nationalité congolaise et qui dispose, que: «La nationalité congolaise est une et exclusive. Elle ne peut être détenue concurremment avec une autre nationalité».

Cette question s'articule de la manière ci-après:

«1. Savez-vous qu'il y a des Congolais détenteurs de double nationalité dans nos Institutions?

«2. Pourquoi le Gouvernement continue à garder silence coupable face à cette violation grave?

«3. Êtes-vous prêts à mener des enquêtes et engager les poursuites contre les Congolais détenteurs de double nationalité et les chasser de leur responsabilité?

«4. Pourquoi le Gouvernement peine à faire respecter la Constitution et les lois de la RDC; n'est-ce pas là une complicité?

«5. Est-ce que le Gouvernement n'est-il pas juge et partie?»

S'agissant de la question 1 qui consiste à savoir s'il existe dans les Institutions de la République Démocratique du Congo des Congolais détenteurs de la double nationalité, le Ministre a commencé sa réponse à la question du Député Toussaint Alonga Likili par ces mot: " Il n'existe pas, au regard de la Constitution et de la loi, des Congolais qui détiendraient une nationalité étrangère".

En effet, le moratoire de trois mois, décrété par la loi n°004/024 du 12 novembre 2004 sur la nationalité, aux termes de son article 51 al. 2 avait pour but de permettre aux binationaux d'opter pour l'une de deux nationalités et de se conformer à la loi de sorte que ceux qui ne se sont pas conformés à la loi ont perdu la nationalité congolaise.

Ce moratoire n'a eu aucun effet car des personnes détenant la double nationalié sont présentes au sein des Institutions de la République jusqu'à ce jour, et ce, au vu et au su de tous.

Et s'il faut comprendre la motion incidentielle initiée en 2007 par le Député José Makila Sumanda, son intérêt était d'expurger tous les étrangers œuvrant au sein des Institutions Publiques.

L'Assemblée Nationale avait accepté alors le principe du moratoire en précisant que la Commission Electorale Indépendante, en sigle CEI, devrait surseoir à invalider les candidatures à l'élection des Gouverneurs, des personnes détentrices d'une nationalité étrangère. Bien plus, une commission d'enquête devait être mise en place à cet effet et devait préparer une proposition de loi modificative de l'article 51 de la loi sur la nationalité.

A notre connaissance, à ce jour, ladite commission n'a ni été mise en place, ni n'a fonctionné.

Quant à la question 2, celle de savoir pourquoi le Gouvernement continue de garder silence coupable face à cette violation grave, le Député national Toussaint Alonga Likili fustige le silence qu'observerait le Gouvernement face à l'interdiction faite par la Constitution de la République Démocratique du Congo de détenir concurremment la nationalité congolaise avec une nationalité étrangère.

Le Ministre a rassuré les Députés en arguant que le Gouvernement n'a guère fermé les yeux sur cette question, bien au contraire. L'Arrêté n°261/CABIMIN/J/2006 du 4 juillet 2006 avait déjà édicté certaines mesures d'exécution de la loi n°004/024 du 12 novembre 2004 sur la nationalité et que seule l'Assemblée nationale devrait donner les conclusions sur le moratoire décrété en vue de prendre des mesures complémentaires, le cas échéant.

L'Assemblée nationale doit donc prendre ses responsabilités et mettre fin à l'hypocrisie actuelle. Ainsi, ceux qui cachent au fond de leur sac de voyage le passeport congolais dès le décollage de N'Djili et exhibent à Paris ou à Bruxelles un passeport de l'Union Européenne devraient-ils le faire dès l'aéroport de N'Djili au lieu de paraitre toujours comme des tricheurs.

Sur la question 3 consistant à savoir si le Ministre de la Justice est prêt à mener des enquêtes et des poursuites à charge des Congolais détenteurs de la double nationalité et les chasser de leurs responsabilités, le Ministre a retorqué en allégant que la loi sur la nationalité n'était pas assortie des sanctions pénales en cas de sa violation.

Néanmoins, dans la procédure d'acquisition de la nationalité congolaise ou de son recouvrement, il est possible que l'impétrant commette des infractions sur base de fausses déclarations ou sur présentation de fausses pièces et qu'il tombe ainsi sous le coup de la loi pénale qui proscrit le faux en écritures et usage de faux, prévus et punis par les articles 124 à 126 du Code Pénal Congolais Livre II.

Informé, le Ministre de la Justice peut donner injonction au Ministère Public en vue de procéder aux enquêtes et aux poursuites qui peuvent s'ensuivre.

Devrions-nous rappeler que sous réserve du pouvoir d'injonction lui reconnu par la loi, il ne revient pas au Ministre de la Justice de mener des enquêtes judiciaires ni de mener des poursuites en cas de violation de la loi, cette mission étant dévolue aux organes des poursuites et de jugement que sont les Parquets et les Cours et Tribunaux.

Toutefois, s'agissant de la question précise n°3 sur la violation de la loi en matière de la nationalité congolaise, qui est une et exclusive, il incombe à toute personne ou à chaque institution au sein de laquelle se trouveraient les personnes concernées par le cas, de les dénoncer. Ainsi donc, l'Assemblée Nationale peut, sans nullement se référer au Pouvoir Exécutif, invalider ceux de ses membres détenteurs de la nationalité étrangère car n'étant plus Congolais.

Ce qui n'a jamais été fait.

Rappelons qu'aux termes de l'article 102 de la Constitution, nul ne peut être candidat aux élections législatives et, partant, être Député national s'il n'est pas Congolais.

Pour ce qui concerne la question 4 pour savoir pourquoi le Gouvernement peine à faire respecter la Constitution et les lois de la République et s'il ne faisait pas preuve de complicité, le Ministre a expliqué que le Gouvernement avait fait sa part en édictant certaines mesures d'exécution de la loi de 2004 sur la nationalité et l'Assemblée nationale ayant adopté un moratoire suivi d'une commission d'enquêtes, le Gouvernement estimait attendre les résultats des enquêtes parlementaires de peur de jouer à toute anticipation. Bien plus comme rappelé précédemment, le Ministre de la Justice n'est pas l'organe légalement habilité à mener des enquêtes dans les cas où il y aurait violation de la loi, lato ou stricto sensu.

En ce qui concerne la cinquième question, celle de savoir si le Gouvernement était juge et partie, le Ministre a répondu en disant que l'expression «juge et partie» s'entendait dire de «celui qui a un pouvoir de décision dans une affaire où il a des intérêts personnels». Il poursuivit en se demandant comment le Gouvernement pourrait-il être juge et partie pour une question d'intérêt général, qui relève du domaine de la loi et que une telle lecture des choses paraissait inexacte.

Le Gouvernement n'a donc aucun intérêt personnel, direct ou indirect sur cette question, dès lors que le moratoire pris au sujet de la prétendue «double nationalité» n'est pas de son fait, mais plutôt l'œuvre du Législateur lui-même.

Le Gouvernement de la République ne peut non plus «être juge et partie» lorsque l'Assemblée nationale qui avait décidé de la création d'une commission d'enquête parlementaire ad hoc, ne lui ait jamais communiqué les conclusions de ladite enquête, ni encore moins formulé à son endroit une quelconque recommandation à ce propos.

Il découle de tout ce qui est dit que le Gouvernement est d'avis que la question de la prétendue «double nationalité» est éminemment importante, en ce qu'elle préoccupe non seulement l'Assemblée, nationale mais également l'opinion nationale toute entière qui aimerait être fixée à ce sujet.

Il reste que l'examen de la problématique y relative doit faire l'objet de beaucoup de maturité politique pour qu'il débouche sur une réponse idoine et définitive, tant il est vrai que lors des débats relatifs à l'adoption de la loi sur la nationalité, la question avait fait l'objet d'âpres débats.

Faute d'avoir trouvé justement une solution, le Ministre de la Justice d'alors avait proposé qu'il soit traité à la prochaine législature. Et, au niveau du Sénat, les Honorables Sénateurs avaient, pour leur part, voulu que la question soit urgemment débattue car le double principe de l'unicité et de l'exclusivité de la nationalité semblait être obsolète et que la prohibition de la double nationalité pourrait constituer un frein au développement du pays.

Toutefois, dans le cas où le principe de la double nationalité viendrait à être adopté, cela requiert non seulement de revisiter notre Constitution, et au cas où cette option serait prise, il faudrait interroger le souverain primaire, par la voie du referendum. Encore conviendra-t-il de limiter l'accès à certaines fonctions importantes de responsabilité, à l'instar de celles de Chef d'Etat et des Chefs des Institutions, aux personnes détentrices d'une nationalité étrangère.

Déjà l'article 24 alinéa 2 de la loi actuelle sur la nationalité prévoit la possibilité d'exclure de certaines fonctions publiques les bénéficiaires de la nationalité congolaise d'acquisition. Les interdictions similaires avaient été instituées par la loi n°81/002 du 29 juin 1981 sur la nationalité, dans sa version initiale. Aux termes de l'article 13, celui qui acquiert la nationalité zaïroise par naturalisation ne peut être investi des fonctions politiques ou de mandat électif, il ne pouvait accéder dans l'armée à un grade supérieur à celui d'Adjudant-Chef, il ne pouvait être nommé dans la fonction publique à un grade supérieur à l'attaché de bureau de première classe.

L'article 22 de la même loi prévoyait aussi les incapacités à l'égard de l'étranger devenu Zaïrois par l'effet de l'option qui ne pouvait pas être investi des fonctions politiques ni faire partie de l'armée.

Pour l'heure et dans l'état actuel de la législation sur la nationalité congolaise, la conséquence logique et immédiate serait d'expurger des Institutions politiques de la République tous les détenteurs d'une nationalité étrangère.

Faute d'un moratoire légal, et il n'en existe pas à ce jour, la CENI et le Ministère Public devraient s'opposer à l'inscription tant sur les listes des électeurs que des candidats, de toutes les personnes ayant acquis une nationalité autre que la nôtre (2). Les articles 10 et 72 de la Constitution de la République Démocratique du Congo du 18 février 2006, modifiée par la Loi n° 11/002 du 20 janvier 2011, définissent les dispositifs relatifs à la nationalité congolaise. Ainsi l'article 10, en son premier alinéa, stipule que la nationalité congolaise, laquelle est « une et exclusive », « ne peut être détenue concurremment avec aucune autre nationalité ». Cette nationalité est soit d'origine, soit d'acquisition individuelle.

Le troisième alinéa dudit article précise qu'« est Congolais d'origine, toute personne appartenant aux groupes ethniques dont les personnes et le territoire constituaient ce qui est devenu le Congo (présentement la République Démocratique du Congo) à l'indépendance ». Quant à l'article 72, il rappelle qu'il faut être Congolais d'origine pour être candidat à la présidence de la République. Bien entendu, une loi organique détermine les conditions de reconnaissance, d'acquisition, de perte et de recouvrement de la nationalité congolaise.

1.1. La loi organique et l'arrêté ministériel

L'article 26 de la loi n° 004/024 du 12 novembre 2004 relative à la nationalité congolaise affirme que « toute personne de nationalité congolaise qui acquiert une nationalité étrangère perd la nationalité congolaise ». Selon l'article 6 de cette loi, « la nationalité congolaise d'origine est reconnue dès la naissance à l'enfant en considération de deux éléments de rattachement de l'individu à la République Démocratique du Congo, à savoir sa filiation à l'égard d'un ou deux parents Congolais (***jus sanguinis***), son appartenance aux groupes ethniques et nationalités dont les personnes et le territoire constituaient l'indépendance (***jus sanguinus et jus soli***) ou sa naissance en République Démocratique du Congo (***jus soli***) ». D'une part, il sied de relever une lacune relative à l'absence des définitions des groupes de nationalités auxquelles se réfère ledit article 6 de la loi. D'autre part, cet article, lequel s'oppose à l'article 26 de la même loi, contredit superbement l'article 10 alinéa 3 de la Constitution.

Par ailleurs, l'article 1er de l'arrêté ministériel n° 261 du 4 juillet 2006 portant certaines mesures d'exécution de la loi n° 004/024 du 12 novembre 2004 relative à la nationalité congolaise exige un certificat de législation spécifiant que, d'après la loi du pays d'origine de l'impétrant, les ressortissants de ce pays perdent leurs nationalités dans le cas où ils acquièrent volontairement une nationalité étrangère. Comment faudra-t-il appréhender, dans ce cas précis, la situation d'un enfant né d'un parent Congolais et d'un étranger dont le pays reconnaît le caractère inaliénable de sa nationalité ? N'est-il pas injuste et inhumain de l'obliger à faire le choix entre les nationalités de ses parents, au risque de bafouer son intérêt supérieur prévu à l'article 3 alinéa 1 de la Convention Internationale des Droits de l'Enfant ?

1.2. Les conventions internationales

La Déclaration universelle des droits de l'Homme, suivie en cela par plusieurs autres instruments internationaux et régionaux, établit le droit à la nationalité, ainsi que le droit de ne pas être privé arbitrairement de sa nationalité. Même s'il appartient à chaque État de déterminer ses nationaux par sa législation, conformément aux termes de l'article premier sur la nationalité établie le 12 avril 1930 par la Conférence de codification de La Haye, s'impose toutefois le respect des conventions internationales, de la coutume internationale et des principes de droit généralement reconnus en matière de nationalité.

En tout cas, le pouvoir discrétionnaire traditionnellement reconnu aux États à propos de l'acquisition et du retrait de la nationalité n'est pas sans limite. Ainsi l'article 2 de la loi n° 004/024 du 12 novembre 2004 relative à la nationalité congolaise conditionne-t-il la reconnaissance, l'acquisition ou la perte de la nationalité congolaise à l'application des conventions internationales et des principes de droit reconnus en ce qui concerne la nationalité.

1.3. La primauté et l'inaliénabilité

Dès lors que l'article 10-3 de la Constitution précise qu'« est congolais d'origine, toute personne appartenant aux groupes ethniques et nationalités dont les personnes et le territoire constituaient ce qui est devenu le Congo (présentement la République Démocratique du Congo) à l'indépendance », il matérialise "***de jure***" le caractère inaliénable de la nationalité congolaise d'origine. Par conséquent, le fait de porter une autre nationalité n'a aucune répercussion sur la nationalité congolaise d'origine dont la primauté et le caractère exclusif lui sont déjà conférés par l'article 10 alinéa 1. Ainsi est-il juridiquement incompréhensible que l'on puisse défaire ce qui est constitutionnellement irrévocable. Agir de la sorte relèverait de la mauvaise interprétation, voire de la méconnaissance, de la volonté du législateur.

Priver les Congolais de l'étranger de leur nationalité d'origine du fait de la détention d'une citoyenneté étrangère, alors qu'ils sont concernés à la fois par le "***jus sanguinis***" et le "***jus soli***", renforce davantage l'opposition entre le droit objectif et le droit subjectif. A l'instar d'Antigone, la fille d'Œdipe et de Jocaste qui, en vertu des lois *« **non écrites** »* en vigueur *« **depuis l'origine** »*, s'était opposée au refus de Créon d'offrir une sépulture à Polynice, le peuple congolais doit s'appuyer sur le droit coutumier. En effet, la terre en République Démocratique du Congo appartient aux clans. Or, personne ne reniera les membres de sa famille ayant acquis une citoyenneté étrangère. Ainsi risque-t-on de s'exposer à des conflits fonciers et à l'attribution des terres congolaises à des étrangers, au cas où l'on ne cesserait de leur contester injustement la nationalité congolaise.

1.4. Les contradictions et les conflits

Le premier alinéa de la 10 de la Constitution, lequel stipule que la nationalité congolaise « ne se porte pas concurremment avec une autre nationalité », est un pléonasme inutile. De plus, cette nationalité est déjà « une et exclusive ». A moins que cette disposition ait vocation à renforcer la non-reconnaissance par l'État congolais de la citoyenneté étrangère détenue par un Congolais d'origine.

Par contre, l'article 10 alinéa 3 institue deux statuts juridiques distincts en matière de nationalité congolaise : la nationalité congolaise d'origine et la nationalité congolaise d'acquisition. Quant à l'article 72 de la Constitution, elle légalise l'inégalité entre les Congolais dans la mesure où seuls les Congolais d'origine peuvent être candidats à l'élection présidentielle.

Ces deux dispositifs contredisent les articles 12 et 66 de la Loi fondamentale relatifs à l'égalité de tous les Congolais devant la loi et à leur droit à une égale protection des lois, à la non-discrimination et au renforcement de l'unité nationale.

Il en est de même de l'article 4 de la loi n° 004/024 du 12 novembre 2004 relative à la nationalité congolaise. Celui-ci précise que « tous les groupes ethniques et nationalités dont les personnes et le territoire constituent ce qui est devenu le Congo (présentement la République Démocratique du Congo) à l'indépendance, doivent bénéficier de l'égalité des droits et de la protection aux termes de la loi en tant que citoyens ». Ainsi sont-ils soumis, ***« à ce titre, aux mêmes obligations »*** et ***« devoirs »*** conformément aux articles 63, 64, 65 et 66 de la Constitution qui contredisent l'article 72 évoqué ci-dessus. Peut-on conclure que les citoyens congolais sont égaux en devoirs, sans pour autant jouir des mêmes droits ?

Au-delà des contradictions entre les différents dispositifs constitutionnels, il existe un flagrant conflit entre la loi organique, l'arrêté ministériel et la Loi fondamentale. En effet, l'article 26 de la loi n° 004/024 du 12 novembre 2004 contredit l'article 10 alinéa 3 de la Constitution du 18 février 2006. Fort heureusement en droit, ayons l'honnêteté de le rappelons, la Constitution prime sur la loi en cas de conflit.

1.5. Les faits et la loi

De nos jours, beaucoup de jeunes footballeurs binationaux de souche congolaise qui sont nés, ou ont grandi, en Europe n'hésitent plus à endosser les maillots des Léopards, c'est-à-dire de l'équipe nationale de la République Démocratique du Congo. Les initiatives de la Fédération congolaise de football (FECOFA), qui les intègre d'office dans l'effectif des Léopards, n'offusquent personne.

Faut-il conclure que la double nationalité est légale en sport, et illégale en politique ?

Par ailleurs, dès lors que le moratoire sur la double nationalité initié en 2009 au Parlement a été classé sans suite, on ne peut en aucun cas reprocher aux Congolais d'origine se trouvant dans la même situation que leurs compatriotes parlementaires, sénateurs et ministres, ou hauts fonctionnaires, de détenir des citoyennes étrangères. En droit, les faits précèdent la loi. Le respect de ce principe juridique permettra d'apaiser les tensions, de consolider la cohésion sociale et l'unité nationale – l'objectif étant de bâtir un Congo socialement humaniste, économiquement viable et politiquement démocratique. Il est donc indispensable d'amender, en matière de nationalité et d'égalité de tous les Congolais au regard de la loi, tout dispositif discriminatoire qui rend impraticable la Constitution du 18 février 2006.

Force est de constater que la Constitution congolaise est impraticable à cause de moult contradictions que contiennent plusieurs dispositifs qui la constituent. Cela est surtout dû au fait que la Loi fondamentale est truffée de clauses qui relèvent en principe des lois organiques et des décrets d'application. Pis encore, la situation juridique née sous l'empire de la loi ancienne, allusion faite à la loi n° 004/024 du 12 novembre 2004 relative à la nationalité congolaise, continue de produire ses effets après l'entrée en vigueur de la Constitution du 18 février 2006. Ainsi, la question du conflit de lois se pose-t-elle de manière encore plus aigüe.

1.6. Que faire ?

Nous joignons notre voix à celle de l'Alliance de Base pour l'Action Commune (ABACO) préconise l'harmonisation de la Constitution en matière de nationalité.

L'ABACO tient à ce que la législation de la République Démocratique du Congo s'aligne enfin sur le droit international. Ainsi soutient-elle toute initiative tendant à réviser, en vue de l'irrévocabilité de la nationalité congolaise d'origine, les articles 10 alinea 1 de la Constitution du 18 février 2006 et 26 de la loi n° 004/024 du 12 novembre. L'individu qui est né Congolais ne peut perdre sa nationalité d'origine en acquérant une autre citoyenneté. Par contre, s'il doit jouir des mêmes droits et devoirs qu'un Congolais, le binational ne peut se prévaloir de sa citoyenneté étrangère lorsqu'il réside en République Démocratique du Congo.

Au vu des arguments évoqués ***supra***, parti politique précurseur de la IVe République, l'ABACO propose l'amendement du premier alinéa de l'article 10 de la Constitution, afin d'insérer une nouvelle disposition matérialisant l'inaliénabilité et la primauté de la nationalité congolaise d'origine sur toute autre citoyenneté. Il va de soi que s'impose également la modification de l'article 72 dans le but de supprimer la clause empêchant les détenteurs de la nationalité congolaise par acquisition de se porter candidat à l'élection présidentielle. La gestion de la chose publique relève de la vision nationale, et non de l'intérêt personnel. Il est donc grand temps de rendre la Constitution du 18 février 2006 ***« juste et parfaite »***.

Ceci dit le fait d'avoir plusieurs nationalités est en de nombreuses circonstances un ensemble de « privilèges » de droits par rapport à celui qui n'en a qu'une seule car **« Les hommes naissent et demeurent libres et égaux en droit »**

En réalité, ce n'est pas le fait de ne pas admettre la double nationalité qui pose problème. L'idée d'une nationalité une et exclusive est : l'exemple de la République Démocratique du Congo est pervers en ce sens que les textes actuels qui prétendent la définir son ambigus et contradictoires.

Concernant la double (voir triple) nationalité, bien de décideurs congolais font mine d'ignorer comment marche la reconnaissance de nationalité quand on sait que **chaque pays souverain est seul capable de dire qui est ou n'est pas de sa nation**.

Avec des législations qui évoluent dans le monde et bougent au gré des dirigeants, il est dès lors évident qu'un binational ne peut pas renoncer à l'une de ces nationalités, même s'il aurait signé un document de droit Congolais (Français ou autres...) en ce sens d'une part et, d'autre part, un magistrat ne peut pas savoir avec certitude si un individu détient ou non une autre nationalité que celle qu'il présente, certains pays incluant, par exemple , des critères religieux[7].

On ne pourra jamais empêcher un pays étranger de déclarer un individu comme étant de sa communauté nationale s'il le souhaite.

Un autre argument de taille peut être trouvé dans l'esprit même du vaste débat national qui a prévalu lors de l'examen du projet de la Constitution de 18 février 2006 au Parlement. Ce débat avait comme leitmotiv fondamental de permettre d'instaurer un État de droit dans lequel tout individu originaire de près ou de loin du Congo, ainsi que sa progéniture, ne soient plus écartés par le principe de la nationalité unique et exclusive. Dans ce monde devenu village planétaire, la RD Congo bénéficiaire de la richesse de sa diaspora expérimentée serait ainsi un modèle pour toute l'Afrique.

Déjà en 2003, le Président de la République KABILA KABANGE déclarait dans son discours devant le Parlement de transition à Lubumbashi en disant et nous le citons :

---

[7] *Gaspard-Hubert B.Lonsi Koko, « Double nationalité en RDC, hypocrisie ou simple ignorance », article publié sur le site Agora vox, lundi 7 décembre 2015*

« Désormais les congolais de la diaspora seront davantage appelés à apporter leur contribution pour la reconstruction nationale et à garder spirituellement et matériellement un lien fort avec la mère patrie».

Or, la diaspora congolaise expérimentée, dans une perspective d'intégration en Occident, a opté pour la nationalité des pays d'adoption pour accéder à des emplois pouvant bénéficier à notre patrie. Il y a lieu de rappeler que les nationalités acquises à l'étranger sont majoritairement des nationalités de survie sans lesquelles les congolais néanmoins congolais à vie dans les veines ne pouvaient accéder à de hautes fonctions dans les pays d'adoption.

Cela en référence à Feu Hassan II, Roi du Maroc qui a déterminé souverainement, par sa législation, quels sont ses nationaux. Puisqu'il n'y a pas de règle de conflit en matière de nationalité, une personne peut avoir plusieurs nationalités ou n'en avoir aucune.

Un enfant né dans un pays étranger qui applique le droit du sol se voit reconnaître la nationalité dudit pays et acquiert la plupart du temps celle de ses parents lorsque leur Etat d'origine attribue la nationalité par filiation. La double nationalité peut s'acquérir également par la naturalisation, par la déclaration (mariage, mineur), par cession d'un territoire ou accès à l'indépendance d'un Etat (cas de l'Algérie en 1962).

En ce moment-là, le régime de la double nationalité voudra qu'en matière de double nationalité, autorisation ne veut pas dire reconnaissance. La majorité des pays autorisant la double nationalité, dont la France, ne la reconnaissent pas, c'est-à-dire qu'ils considèrent leurs citoyens comme possédant à un moment donné une seule nationalité.

Concrètement, cela signifie qu'un individu résidant dans un tel pays en tant que national (faisant usage, par exemple de sa carte d'identité pour différentes formalités), est traité comme tel et ne peut se prévaloir de son autre nationalité pour bénéficier, par exemple, de mesures plus avantageuses réservées aux étrangers. En ce qui concerne les services consulaires, certains pays comme la France en accordent l'accès à tous leurs citoyens quel que soit leur statut dans le pays.

D'autres, comme l'Iran ou le Mexique, refusent en principe l'accès des services consulaires à leurs citoyens s'ils résident en tant que nationaux dans le pays où se situe le consulat. Selon la Master Nationality Rule découlant de l'article 4 de la Convention de la Haye « ...un Etat peut refuser la protection diplomatique à l'un de ses citoyens contre un autre Etat dont ce citoyen possède également la nationalité».

En cas de conflit entre les pays dont il est citoyen, un individu se doit de rester neutre et de ne pas commenter la situation, c'est sur ce principe que repose sa loyauté envers les différentes nations dont il est citoyen. Par respect pour l'individu, ses concitoyens ne doivent pas non plus lui demander son avis sur la situation. Par ailleurs, si cet individu s'engage dans des activités politiques ou militaires dans un des pays dont il est citoyen, il le fait en renonçant à l'assistance des autres pays dont il est citoyen dans le cas où sa vie serait menacée.

La loi israélienne du 1er avril 1952 sur la nationalité institue un double régime : pour la population sur place, elle crée une nationalité ouverte de type mixte (naissance, résidence, naturalisation). Mais pour tous les juifs du monde, elle crée une nationalité virtuelle qui devient effective s'ils émigrent en Israël (« loi du retour»).

En Afrique, la Constitution rwandaise comporte une disposition identique sur le retour. En effet, l'article 7 de la Constitution du 04 juin 2003 : « Toute personne a droit à la nationalité. La double nationalité est permise. La nationalité rwandaise d'origine ne peut être retirée. Nul ne peut être arbitrairement privé de sa nationalité ni du droit de changer de nationalité. Les Rwandais ou leurs descendants qui, entre le 1ernovembre 1959 et le 31 décembre 1994, ont perdu la nationalité rwandaise (suite à l'acquisition d'une nationalité étrangère) sont d'office réintégrés dans la nationalité rwandaise s'ils reviennent s'installer au Rwanda. Les personnes d'origine rwandaise et leurs descendants ont le droit d'acquérir la nationalité rwandaise, s'ils le demandent. Les conditions d'acquisition, de conservation, de jouissance et de perte de la nationalité rwandaise sont définies par une loi organique»[8].

« Une loi organique détermine les conditions de reconnaissance, d'acquisition, de perte et de recouvrement de la nationalité congolaise ». Ces textes sont plus précis en matière de la nationalité. Tous les textes constitutionnels reprennent la même disposition : « la nationalité congolaise est une et exclusive » (art.10 actuelle, art.14 et l'art. 6 de Luluabourg, etc.).

Donc juridiquement parlant, la loi congolaise ne reconnaît pas la double nationalité. On peut se satisfaire de cette situation. Mais, au XXIème siècle, à l'ère du village planétaire il convient de s'interroger sur l'effectivité de cette disposition constitutionnelle. Ce problème mérite d'être soulevé pour deux raisons :

Premièrement : L'article 10 de actuelle constitution est clair : « la nationalité congolaise est soit d'origine, soit d'acquisition individuelle ». La nationalité d'origine est

---

[8] *Constitution de la République rwandaise du 04 juin 2003.*

reconnue à « toute personne appartenant aux groupes ethniques dont les personnes et le territoire constituaient ce qui est devenu la RD Congo ». Cependant, il importe de relever qu'une partie importante de personnes, appartenant au départ à la catégorie de « congolais d'origine », a pour de multiples raisons émigré, s'est établie à l'étranger de la RDC, et a fini par acquérir, pour des facilités administratives et/ou autres raisons, la nationalité de leur pays hôte. Ceux-ci tombent donc sous la rigueur (injustifiée) de cet article 10.

D'un point de vue strictement juridique, ils ont donc perdu la nationalité congolaise par le seul fait d'avoir acquis une autre nationalité. Toute la question est alors de savoir si, en effet, ils n'ont plus d'attache au Congo.

On est alors en droit de se demander si l'Etat congolais peut, en vertu d'une loi organique, retirer cette nationalité congolaise d'origine à un de ses enfants au le seul motif qu'il a acquis une nationalité étrangère ?

Deuxièmement : Toutes les Constitutions congolaises, à l'image de celles d'autres pays, reconnaissent la procédure d'acquisition de la nationalité par naturalisation. C'est donc une procédure normale. Par contre, l'examen de cette procédure simultanément avec le 1eralinéa de l'article 10, révèle un problème : certains étrangers peuvent opter pour la nationalité congolaise sans crainte de perdre leur nationalité de naissance, cela simplement parce que la loi de leur pays d'origine ne s'y oppose pas.

Dans le pire de cas, ils ont même, comme au Canada ou en France, la possibilité de recouvrer leur nationalité d'origine, si jamais ils la perdaient. La situation de ces étrangers, devenus congolais sans perdre ou avec la possibilité de recouvrer leur nationalité d'origine, comparée à celle des congolais d'origine devenus étrangers, s'apparente à ce que l'on appelle une discrimination à rebours: puisque la loi congolaise ne reconnaitrait plus la qualité de congolais d'origine à un congolais d'origine devenu étranger.

Face à ces deux problèmes majeurs, il semble opportun que les autorités se préoccupent de cette situation dont les effets peuvent être néfastes pour le pays.

La Fédération des Congolais de l'Étranger, FCE en sigle (1), a eu, en 2004, la possibilité d'en discuter avec le parlement de transition. Aujourd'hui, les institutions nouvelles sont en place et, dans ce contexte, il faut saluer ici la création d'un Ministère des Congolais de l'Etranger. Heureusement, ce que renferme concrètement l'expression « congolais de l'étranger» ne concerne pas simplement des détenteurs actuels de la nationalité congolaise, car dans cette optique, il y aurait eu exclusion de fait de tous les autres que l'on qualifierait « d'anciens congolais » puisqu'ils ont acquis une autre nationalité.

Lors du 4ème congrès de la FCE à Paris en 2004, ses membres ont expliqué aux représentants du parlement congolais le fait que l'esprit du législateur congolais est encore passéiste alors le monde ayant changé et la RDC étant devenue un pays des migrations, avec près de 4 millions de migrants congolais à l'étranger, selon leurs estimations.

Partant de ce constat de la FCE que nous partageons, nous soutenons que l'article 10 de la constitution du 18 février 2006 est fondé sur la peur en stipulant que : « La nationalité congolaise est une et exclusive. Elle ne peut être détenue concurremment avec aucune autre ».

Pourtant, cette peur, ne se justifie plus, pour trois raisons au moins : **Primo**, l'existence d'une diaspora congolaise authentique éparpillée sur les 5 continents, est un atout diplomatique sans précédent pour la RDC et la durabilité stratégique de cette « tête de pont géopolitique», repose sur la descendance des Congolais ayant une nationalité étrangère. **Secundo**, être congolais de l'étranger ne signifie pas être traitre de son pays. En effet, contrairement aux idées reçues, c'est un Congolais de l'étranger, en l'occurrence, feu Laurent-Désiré Kabila, qui a libéré la RDC de la dictature, par la « mobilisation militaire externe» alors que la «mobilisation sociale interne» de la Conférence Nationale Souveraine, en sigle CNS, était dans l'impasse. **Tertio**, la double nationalité tire son fondement juridique de la nationalité congolaise d'origine.

En effet, que l'on se réfère à l'article 6 de la constitution de Luluabourg d'après lequel : « Il existe une seule nationalité congolaise. Elle est attribuée à toute personne dont l'un des ascendants est ou a été membre d'une tribu ou d'une partie de tribu établie sur le territoire du Congo avant le 18 octobre 1908 »; Que l'on s'adresse à la constitution du 18 février 2006 : « La nationalité congolaise est une et exclusive. Elle ne peut être détenue concurremment avec aucune autre. Est congolais d'origine, toute personne appartenant aux groupes ethniques dont les personnes et les territoires constituaient ce qui est devenu le Congo (présentement République Démocratique du Congo) à l'indépendance»;

Une vérité cardinale se dégage de ces textes : la nationalité congolaise d'origine est inaliénable, car elle est une prérogative exclusive des peuples du Congo dits tribus, ethnies ou nationalités. Autrement dit, la nationalité congolaise d'origine n'est pas une prérogative de l'Etat congolais, par opposition à la nationalité congolaise d'acquisition par effet de naturalisation, d'option, d'adoption, de mariage, de naissance et de résidence, que l'Etat congolais peut donner et retirer, selon les principes qu'il a fixés lui-même.

Par conséquent, l'Etat congolais est juridiquement incompétent pour retirer la nationalité congolaise d'origine aux Congolais d'origine ayant choisi la nationalité d'un pays étranger. Car, tribus, ethnies, nationalités susmentionnées, sont en fait des nations sociologiques précoloniales, propriétaires collectifs du territoire et des personnes constituant ce qu'est devenue la République Démocratique du Congo, à la date de l'indépendance, selon l'article 10 de la constitution du 18 février 2006. Ainsi, la nationalité congolaise d'origine est le porte-étendard du droit du sang, du droit du sol, et du droit des peuples, cristallisant la conscience historique des Congolais, par-delà leur diversité. C'est à cet humanisme patriotique que l'on doit l'abnégation des Congo à défendre la patrie menacée contre vents et marais, car nous sommes en présence d'une nouvelle nation, juridiquement pensée comme « communauté des citoyens et des ethnies, exprimant la volonté de vivre ensemble, pour bâtir un destin, dans la loyauté et le respect de la différence».

Dans la cosmogonie bantoue, qui a inspiré cette conception singulière de la nation et de la nationalité, en effet, les vivants et les morts demeurent membres de la tribu, de l'ethnie, de la nationalité en cause, quels que soient par ailleurs leur lieu de résidence dans le pays ou en exil et leur statut social (riches ou pauvres). La solution réside dans la responsabilité historique des parlementaires de la 3ème République qui consiste à régler la question de la double nationalité, au sens de l'article 50 alinéa 1 de la Constitution du 18 février 2006, d'après lequel : « L'Etat protège les droits et les intérêts légitimes des Congolais qui se trouvent tant à l'intérieur qu'à l'extérieur du pays ». Et ce, en cherchant un point d'équilibre entre deux principes constitutionnels contradictoires: l'un explicite (unicité et exclusivité) l'autre implicite (l'inaliénabilité de la nationalité congolaise d'origine en tant que prérogative ethnique et non étatique).

A notre avis, pour arriver à la reconnaissance d'une double nationalité en République Démocratique du Congo, trois solutions se dégagent clairement:

Primo, soit supprimer la mention « la nationalité congolaise est une et exclusive» et confirmer ainsi l'égalité de tous les congolais devant la loi (nationalité d'origine ou nationalité d'acquisition)[9]. **Secundo**, soit maintenir « l'unité et l'exclusivité», quitte à préciser que :« le principe d'unicité et d'exclusivité ne concerne pas les détenteurs de la nationalité congolaise d'origine» et, pourquoi pas, les étrangers nés des parents étrangers sur le sol congolais; **Tertio** enfin, soit ajouter une nouvelle reformulation énonçant que : « La nationalité congolaise d'acquisition individuelle par effet de naturalisation, d'option, d'adoption, de mariage, de naissance et de résidence, ne peut être détenue concurremment avec une autre nationalité ».

Si le Parlement prend à bras-le-corps ce devoir sacré, la question de la double nationalité pourrait être réglée de deux manières :

-soit par la révision de l'article 10 de la constitution du 18 février 2006;

-soit par l'option d'interprétation levée de commun accord par le Parlement et le gouvernement, demandant à la Cour constitutionnelle, de confirmer le principe d'inaliénabilité de la nationalité congolaise d'origine.

La Constitution rwandaise en son article 7 est claire et autorise la double nationalité. Donc, pour les rwandais, ils

---

[9] Mwayila Tshiyembe, Refondation de la nation et nationalité en RDC, Paris, L'Harmattan, 2007.

sont libres de choisir une deuxième nation et détenir les deux nationalités à la fois.

Alors, dans ce cas, du côté rwandais, que les congolais disent que tel ou tel hier avant de traverser la frontière dans l´autre sens était congolais et, une fois de l´autre côté, aujourd´hui, redevient rwandais, c´est pas un crime ou un problème, leur constitution octroi bel et bien ce droit en son article qui stipule que : »

Toute personne a droit à la nationalité. La double nationalité est permise. La nationalité rwandaise d'origine ne peut être retirée. Nul ne peut être arbitrairement privé de sa nationalité ni du droit de changer de nationalité ».

Les Rwandais ou leurs descendants qui, entre le 1er novembre 1959 et le 31 décembre 1994, ont perdu la nationalité rwandaise suite à l'acquisition d'une nationalité étrangère sont d'office réintégrés dans la nationalité rwandaise s'ils reviennent s'installer au Rwanda. Les personnes d'origine rwandaise et leurs descendants ont le droit d'acquérir la nationalité rwandaise, s'ils le demandent. Les conditions d'acquisition, de conservation, de jouissance et de perte de la nationalité rwandaise sont définies par une loi organique.

Maintenant venons- en là où les Congolais (romains) s´empoignèrent pour tirer la conclusion en âme et conscience pour dire, de quel côté, existe le flou et le désordre sur cette question (histoire romaine):la Constitution du 18 février 2006 est constamment violée en matière de la nationalité spécialement en son article 10 les congolais d'origine eux-mêmes, et par conséquent ils ne devraient pas se plaindre tout le temps sur la double nationalité des rwandais vivant chez en République Démocratique du Congo.

Les questions liées à l'unité, à la paix, à la reconstruction du pays, à la restauration de l'intégrité territoriale et le rétablissement de l'autorité de l'État sur l'ensemble du territoire national se font attendre en traînant les pieds car il y a encore des coins du pays qui échappent à l'autorité du gouvernement.

Il est nécessaire qu'en République Démocratique du Congo s'engagent des débats sur la question de la double nationalité non seulement au Parlement, mais aussi dans l'opinion publique pour éviter que la Constitution ne soit applicable seulement au niveau du peuple et non pour la classe politique. En effet, le moratoire voté en 2009 pour trois mois par l'Assemblée nationale suite à la motion sur la double nationalité est a été introduite depuis 2009 jusqu'à ce jour n'est plus à l'ordre du jour et les questions relatives à la nationalité sont restées pendantes et, comme d'habitude, le débat est éludé.

Ainsi, le droit de vote et d'éligibilité et la double nationalité, demeurent les conditions du partenariat stratégique entre la République Démocratique du Congo et sa diaspora, dont dépend la pérennité de la contribution économique des Congolais de l'étranger à la reconstruction de la République Démocratique du Congo. De ces trois conditionnalités, la double nationalité la variable structurelle non seulement de l'identité congolaise sur les cinq continents, mais également de l'adhésion des Congolais de l'étranger aux partis politiques reconnus ainsi que de l'exercice de leur solidarité envers la République Démocratique du Congo, sur le long terme (d'ici 15 à 25 ans). Car, avant d'être juridique, la double nationalité est une question éminemment politique :elle touche la nation congolaise moderne dans sa substance : c'est-à-dire la pérennité du lien charnel entre la descendance congolaise de l'intérieur et de l'extérieur[10].

Le moment n'est-il pas indiqué pour que l'Assemblée Nationale y revienne? A notre avis, la réponse est oui. L'Assemblée nationale doit courageusement prendre la résolution de voter pour une modification de l'aticle 10 de la Constitution actuelle.

[10] *Synthèse des communications de Léonard MATALA-TALA, Maître de conférences de Droit public, Université Nancy2, Trudon TSHIYEMBE MWAYILA, directeur de l'institut panafricain de géopolitique de Nancy, Laurent MUTAMBAYI, financier et juriste fiscaliste à Bruxelles; Denis KABIONA KASEKE, juriste fiscaliste à Paris.*

Chapitre 2 :

La double nationalité est un outil crucial pour favoriser l'intégration des immigrants »

Dans ce chapitre, nous partirons de l'expérience de certains pays qui ont reconnu la double nationalité ainsi que les avantages qu'ils en tirent avant de les adapter à la situation de la République Démocratique du Congo.

2.1. La double nationalité en Occident

En Allemagne, la double nationalité est un outil crucial pour favoriser l'intégration des immigrants et une exception légale en Allemagne pour les citoyens de l'Union européenne (UE) et les migrants des pays qui ne permettent pas à leurs ressortissants de renoncer à leur citoyenneté. De plus, les enfants nés de parents étrangers ayant vécu au moins huit ans en Allemagne acquièrent automatiquement la citoyenneté allemande à la naissance, selon le droit du sol. En effet, depuis la réforme du droit du sol en l'an 2000, environ 530 000 enfants ont acquis la nationalité allemande en plus de celle de leurs parents et dès 2014, ils ont eu le droit de conserver la nationalité de leurs parents, la double nationalité est généralement tolérée leurs parents et/ou eux-mêmes vivent, travaillent et payent des impôts en Allemagne. Un grand nombre des enfants concernés par cette mesure sont principalement de jeunes Turcs devenus binationaux[11].

Il est évident que les questions d'intégration et de double nationalité sont liées. Au cours des dernières décennies, les

[11] Pour le Docteur et sociologue allemand à l'Institut de technologie de Karlsruhe allemand Nils Witte, il est absurde, après la tuerie de Munich, de remettre en question la loyauté des citoyens binationaux, le Journal LE MONDE du 23.08.2016 à 10h50 • Mis à jour le 23.08.2016 à 13h43

Turcs ont compté parmi les plus hésitants en Allemagne à demander leur naturalisation. La libéralisation de l'accès à la citoyenneté dans les années 1990 a conduit à une certaine augmentation des chiffres. Pour autant, le taux de naturalisation est resté inférieur à 5 % par an. Il est bien établi que davantage de migrants opteraient pour la naturalisation si elle ne menait pas à un choix obligatoire entre la nationalité turque et la nationalité allemande.

Trois options permettraient d'appréhender cette question turque. La première est de ne rien changer à la situation et d'accepter que les citoyens turcs choisissent de ne pas changer de nationalité et, donc, de ne pas profiter des droits des citoyens allemands. Cela revient à faire une croix sur l'idéal de représentation démocratique. Les Turcs ont souvent souffert d'être stigmatisés dans le débat public.

Une seconde option consiste à exiger le renoncement à la nationalité d'origine, mais, dans le même temps, à proposer une adhésion culturelle forte et véritable au pays d'accueil.

Ce cas de figure impliquerait que la société allemande s'ouvre davantage au monde et se redéfinisse comme diversifiée et multiculturelle. Il faudrait que les petits Zerrin et Ömer soient traités de la même façon qu'Emma et Jonas. Mais il semble que cette vision de l'avenir soit destinée à rester à l'état de projet pour encore quelques années.

La troisième idée consiste à tolérer la double nationalité de manière plus générale. Cela semble être l'option la plus réaliste à court terme. La présence des binationaux aura pour effet secondaire de familiariser les anciens et les nouveaux Allemands avec la réalité d'un pays culturellement diversifié. Les Turcs ont souvent souffert d'être stigmatisés dans le débat public. Ils ont assisté à l'entrée dans l'UE de pays à peine plus développés que le leur. Ils ont dû accepter que les ressortissants de ces pays, qui sont arrivés des années après eux, aient davantage de droits, y compris celui de la double nationalité. Une tolérance généralisée pour la double nationalité enverrait un message de réconciliation aux Turcs, qui constituent le groupe d'immigrants le plus nombreux et l'un des plus anciens.

Le débat à propos de la double nationalité teintée de la diabolisation des turcs étant fondé sur des arguments aussi faibles, l'Union chrétienne-démocrate (CDU) n'a jamais été partisane de la double nationalité avec, en 1999, cinq millions de signatures recueillies contre son introduction. Il n'a accepté qu'à reculons la réforme sur la loi de citoyenneté de 2014 qui était encouragée par son partenaire de gauche dans la coalition.

Ainsi donc réforme a-t-il aboli la règle optionnelle qui forçait jusque-là les enfants du droit du sol à choisir l'une ou l'autre nationalité à l'âge de 23 ans. La CDU avait déjà accepté de nombreux développements sur cette question et certains membres du parti souhaitent toujours retourner à leurs positions initiales. Les protestations contre la double nationalité et contre la prétendue déloyauté des Turco-Allemands ont attiré certains électeurs, mais une telle chose avait un prix. Le message ainsi transmis était qu'il n'était pas souhaitable de conserver des liens avec le pays d'origine, et que la seule façon d'être loyal envers l'Allemagne était de délaisser ses origines. Ce n'était pas là le message qu'une terre d'immigration moderne devrait avoir envie de passer.

Depuis, l'Allemagne s'attire chaque année de nouveaux immigrants hautement qualifiés et se comporte mieux avec ceux qui sont arrivés il y a cinquante ans. Cela fait plus de cinquante ans que des Turcs vivent, travaillent et payent des impôts en Allemagne. Ils parlent et vivent comme des Allemands ; mais aussi comme des Turcs. Ils ont fait à peu près tout ce qui était exigé d'eux dans la liste de critères d'intégration établie par les conservateurs.

L'Allemagne leur tendu la main et leur a facilité leur naturalisation en tolérant la double nationalité.

La République Démocratique du Congo devrait faire la même chose aves les Congolais d'origine et avec les étrangers nés des parents étrangers sur le sol congolais.

Thierry Boutte & Baptiste Erpicum Publié le mercredi 19 avril 2017 à 21h34 - Mis à jour le mercredi 19 avril 2017 à 21h37

En Belgique, les idées s'affrontent et se bousculent sur une réflexion au sujet de la double nationalité où le débat s'opère à un niveau européen. Les ressortissants d'un Etat membre des 28 de l'Union européenne qui revendiquent une double nationalité se la voient octroyer de manière automatique. Par contre, pour des ressortissants de pays non membres de l'UE, on pourrait réfléchir à un octroi de la double nationalité conditionnel; c'est-à-dire conditionné à l'adhésion du pays d'origine aux principes démocratiques et au fait que sa Constitution soit respectueuse des valeurs universelles. Ainsi, le ressortissant d'un Etat dictatorial qui souhaite obtenir aussi la nationalité belge devra obligatoirement faire un choix et renoncer le cas échéant à la nationalité de son pays d'origine.

Par rapport à la communauté turque en Belgique, le vrai problème est ce triangle infernal entre l'AKP - parti islamo-conservateur au pouvoir en Turquie -, la Diyanet - le ministère turc des cultes - et le parti socialiste en Belgique. Quand on constate que 80 % des gens qui votent pour l'AKP votent pour le PS aux régionales et communales à Bruxelles, ça pose question. L'AKP utilise la Diyanet comme outil de propagande et de contrôle politique de la communauté turque. Ainsi, à St-Josse ou à Schaerbeek, si la communauté turque s'avère intégrée sur les plans économique et immobilier, elle apparaît mentalement enfermée dans un repli identitaire exacerbé. Ce nationalisme endémique est entretenu par une vie autarcique dans certains quartiers via les magasins turcs, les réseaux sociaux et les médias turcs, dont la télévision, favorables à l'AKP. L'intégration harmonieuse de la communauté turque en Belgique n'est pas assurée.

Il y a plus de 20 ans, la Brlgique a modifié le Code de la nationalité pour octroyer plus facilement la nationalité belge à des ressortissants qui gardaient leur nationalité d'origine. L'idée était d'accorder le droit de vote à des ressortissants étrangers pour faciliter leur intégration et parcours citoyen. Permettre plus aisément la double nationalité était un des moyens. Aujourd'hui, on ne peut que constater un échec de l'intégration d'une partie de la communauté turque. Les ressortissants d'origine turque devenus belges sont considérés comme un réservoir électoral turc.

Ils s'engagent, votent lors des élections turques et fonctionnent comme s'ils vivaient dans une énième province turque. Des élus PS effectuent leur service militaire en Turquie et prêtent serment à son armée. Cet échec de l'intégration est délibérément entretenu par l'Etat turc - à travers l'AKP et la Diyanet - et les élus d'origine turque du PS, connectés avec l'AKP. Ils œuvrent à l'enfermement mental de la communauté. 90 % des Turcs vivant à Schaerbeek viennent d'Emirdag, en Anatolie, région rurale la plus favorable à l'AKP. Mes amis d'origine turque, non AKP, progressistes, dénoncent la mise sous cloche de la communauté. Si vous ne votez pas bien, vous êtes, à Bruxelles, considéré comme traître à la patrie turque.

C'est effectivement délicat. Comment revendiquer le droit des Belges de voter depuis l'étranger si on le refuse aux étrangers de le faire en Belgique. Pour Philippe De Bruycker et une bonne partie de l'opinion francophone belge, Accorder la double nationalité aux immigrés représente l'évolution du droit de la nationalité en Belgique.

Cela permet à ces personnes de mieux s'intégrer dans le pays d'accueil, avec également l'idée qu'elles peuvent cumuler des identités multiples[12].

Dans un contexte plus général, l'idée d'accorder la double nationalité à quelqu'un est une idée de plus en plus valorisée. Elle répond au fait que certaines personnes ont migré dans leur vie, et combinent différentes identités. Aujourd'hui, on peut être à la fois belge et marocain ou belge et turc. Donc, remettre en question la double nationalité, c'est finalement aller à l'encontre de l'évolution du droit de la nationalité en Belgique, car on vit dans un monde de plus en plus global, où la mobilité est de plus en plus forte, et où on veut encourager les identités multiples, aussi bien pour les immigrés que pour les Belges eux-mêmes. C'est l'idée, dans un Etat fédéral comme la Belgique, qu'on peut être à la fois belge et flamand, belge et wallon, etc.

Dans le débat sur la double nationalité concernant les Turcs de Belgique, il est aussi question d'intégration. Peut-on à la fois appartenir à une nation qui défend les droits de l'homme et voter en faveur d'un renforcement des pouvoirs d'un régime qui est tout de même connu pour ses dérives autoritaires, notamment en matière de liberté d'expression ?

Il n'est pas impossible, sur le plan juridique, de retirer à quelqu'un une nationalité qui lui a été accordée. Mais il me semble, dans le cas présent, que ce ne serait pas évident du tout de retirer la nationalité belge à un Turc sous prétexte qu'il a voté, lors d'un référendum en Turquie par exemple, en faveur du renforcement d'un régime autoritaire. Déjà le vote est secret.

---

[12] Philippe De Bruycker, professeur de droit européen à l'Université libre de Bruxelles (ULB)..

Ensuite, on ne pourrait pas faire des Turcs de Belgique un cas particulier. Ce serait une discrimination sur la base d'une nationalité.

En Belgique, c'est tout à fait possible d'être à la fois turc et belge, comme on peut être flamand et belge, européen et belge, etc. Pour la question de l'intégration, cela me semble rétrograde de mettre en cause la double nationalité. Si l'on retirait la nationalité belge des Turcs de Belgique, on ne leur retirerait peut-être pas leur droit de séjour. Il y a des problèmes réels d'intégration dans la communauté turque et des tensions extrêmement fortes. Il faut y répondre d'une manière ou d'une autre. Pour les cas de discrimination et d'incitation à la haine, la Belgique a des instruments de droit pénal, et il faut par ailleurs mettre en place une véritable politique d'intégration et de dialogue avec les populations concernées. Cela semble beaucoup plus intéressant que de prendre une mesure punitive extrême, une mesure humiliante, celle du retrait de la nationalité.

Ceci dit, en Belgique, accorder la double nationalité à certaines personnes représente l'évolution du droit de la nationalité en Belgique. Et ce parce qu'on veut permettre à ces personnes de mieux s'intégrer dans un pays d'accueil et parce qu'on pense qu'elles peuvent cumuler des identités multiples. Il n'est pas question de demander de renoncer à la nationalité d'origine pour en acquérir une autre. Imaginez qu'au moment d'intégrer des Marocains en Belgique, on leur aurait dit qu'ils devraient abandonner leur nationalité d'origine. C'aurait été non seulement très difficile à accepter symboliquement, mais en plus, cela aurait posé des tas de problèmes juridiques : il ne leur serait plus si facile, par exemple, de retourner dans leur pays d'origine ou d'y gérer des biens qu'ils y auraient acquis.

Bernadette Renaud[13] avance qu'obliger les citoyens à choisir entre leurs nationalités est inapplicable dans l'état actuel du code des nationalités car "Le code prévoit bien des cas de déchéance ou de retrait, mais certainement pas pour le fait d'être allé voter. A l'avenir, le législateur belge pourrait décider de modifier le code des nationalités et forcer à renoncer à sa nationalité d'origine. Mais ce serait aller à rebours de l'évolution du code depuis le XIXe siècle. Et cela reviendrait à exclure des populations entières de l'accès à la nationalité puisque certains pays refusent que leurs ressortissants abandonnent leur nationalité au profit d'une autre. C'est notamment le cas du Maroc.

La bipatridie, ou le fait de posséder la double nationalité, est soutenue par Wouter Beke, président du CD&V, qui a aussi réagi via l'agence Belga sur ce concept de double nationalité (2).

Pour lui, "le choix d'une nouvelle nationalité est "un choix positif" car celui qui fait ce choix accepte également un certain nombre de conséquences. C'est un signe d'intégration et d'attachement à son pays, où l'on veut construire sa vie et participer à la société."

Cependant, le président du CD&V, voit de nombreuses difficultés pratiques à la suppression de la double nationalité en Belgique car "certains pays comme le Mexique, l'Argentine, le Maroc ou la Syrie ne permettent pas à leurs citoyens de renoncer à leur nationalité. Nous ne devons pas non plus oublier les nombreux Belges qui séjournent à l'étranger et qui ont également une double nationalité. Nous ne savons pas quelles seraient les conséquences pour eux."

---

[13] Bernadette Renauld, spécialiste belge du code de la nationalité et maître de conférences à l'université de Mons, interview au Journal LeSoir ; (2) Caroline Lallemand; *Journaliste, Le Vif/l'express du 18/04/17 à 10:44 - Mise à jour à 10:50*

En effet, la législation actuelle belge ne permet pas de supprimer facilement la double nationalité. Dans *Le Soir*, Bernadette Renauld, spécialiste belge du code de la nationalité et maître de conférences à l'université de Mons, a fait remarquer que "c'est une vieille idée qui veut qu'on ne peut pas faire double allégeance, une idée liée à un temps de guerre, qui avait plutôt disparu." Par conséquent, obliger les citoyens de choisir entre leurs "allégeances" est inapplicable selon elle dans l'état actuel du code des nationalités. La spécialiste prévient que "le code prévoit bien des cas de déchéance ou de retrait, mais certainement pas pour le fait d'être allé voter. A l'avenir, le législateur belge pourrait décider de modifier le code des nationalités et forcer à renoncer à sa nationalité d'origine. Mais ce serait aller à rebours de l'évolution du code depuis le XIXe siècle. Et cela reviendrait à exclure des populations entières de l'accès à la nationalité puisque certains pays refusent que leurs ressortissants abandonnent leur nationalité au profit d'une autre. C'est notamment le cas du Maroc."

Dans cette logique, la question pourrait alors aussi se poser pour les électeurs franco-belges suite aux résultats des élections présidentielles françaises. Pour Didier Reynders (MR), il faut prendre le temps de la réflexion, dans le calme car "de nombreux Belges possèdent une seconde nationalité, dont la Française par exemple. On ne pense pourtant pas rouvrir le débat sur la double nationalité en fonction des résultats des élections présidentielles".

Pour le constitutionnaliste Christian Behrendt, interrogé sur les ondes de la Première va dans le sens de Didier Reynders, en rappelant que "réfléchir à la bipadridie, c'est réfléchir non seulement à la bipadridie belgo-turque. Mais c'est aussi réfléchir à la bipadridie en général et donc, belgo-française, belgo-italienne, etc. Tous les Belges doivent être traités de la même manière, c'est écrit dans notre constitution" et ajoute qu’"il y a des Etats qui n'acceptent tout simplement pas l'abandon de leur nationalité.

La Belgique n'est pas la seule partie, car il y a à chaque fois l'autre Etat. Et il y a une multitude de législations différentes qui ne concordent pas toujours avec la belge".

Néerlandais ou Britannique, il faudra choisir. Le Premier ministre néerlandais a rappelé lundi 17 juillet la législation nationale qui interdit l’acquisition d’une deuxième nationalité. En proie au dilemme du Brexit, les 100 000 expatriés néerlandais au Royaume-Uni espéraient pourtant une inflexion du gouvernement en la matière.

C’est un rappel qui prend la forme d’une mise en garde. Le Premier ministre néerlandais Mark Rutte s’est adressé, lundi 17 juillet, aux quelque 100 000 citoyens néerlandais résidant au Royaume-Uni, pour leur indiquer qu’ils perdraient automatiquement leur nationalité s’ils obtenaient un passeport anglais.

Alors que s’est ouvert lundi à Bruxelles le deuxième round de négociations sur le Brexit, le statut et les droits attenants des résidents européens sur le sol britannique restent flous. Pour éviter ce casse-tête, beaucoup d’expatriés réfléchissaient à demander la nationalité britannique. « Lutter contre la double nationalité reste un objectif de mon gouvernement » a expliqué le Premier ministre Rutte pour refroidir leurs ardeurs. « Si les liens qu’entretiennent les citoyens avec un autre pays sont devenus plus forts que ceux qui les lient aux Pays-Bas, alors la nationalité néerlandaise doit cesser », a-t-il justifié.

Cette intervention fait suite à une campagne de communication gouvernementale. Menée sur internet, elle s’intitule « Double nationaux ? Ne perdez pas votre nationalité néerlandaise ! » et fournit « une boîte à outils » virtuelle pour informer les citoyens bataves sur leurs droits.

Avec l'Autriche, l'Estonie et la Slovaquie, les Pays-Bas sont les quatre seuls pays membres de l'Union européenne à ne pas reconnaître la double nationalité. 1,3 millions de néerlandais sont pourtant dans ce cas : les citoyens nés dans un autre pays puis naturalisés peuvent garder leur seconde appartenance, même s'ils sont encouragés à y renoncer.

La loi néerlandaise, pourtant révisée en 2010, stipule cependant que « l'acquisition volontaire d'une autre nationalité » entraîne la perte automatique de la nationalité batave. Une règle contre laquelle se dressent les responsables du parti social-libéral des Démocrates 66. Aux côtés des socialistes, ils avaient déposé en décembre 2016 une proposition de loi autorisant l'acquisition de la double nationalité.

« L'idée que la loyauté à un pays doive être conditionnée à un changement de passeport est dépassée » argumentait alors Sjoerd Sjoerdsma, co-rapporteuse de la proposition de loi.

L'arrivée au pouvoir des conservateurs, en mars 2017, a rendu caduque le texte de loi. En recherche d'une coalition stable avec laquelle gouverner depuis l'échec des négociations en mai, le Premier ministre conservateur Rutte espère que sa fermeté sur ce dossier attirera les électeurs du PVV, le parti d'extrême-droite. Son leader, Gert Wilders, milite quant à lui pour l'interdiction complète de la double nationalité.

Une pétition, mise en ligne au début de l'année pour réclamer l'évolution de la législation, a déjà récolté près de 23 000 signatures. Sur les réseaux sociaux, c'est la consternation qui règne parmi les utilisateurs néerlandais : **« Dépassé et étroit d'esprit. Nous sommes des citoyens du monde ! »** s'indigne une utilisatrice en référence aux propos du Premier ministre néerlandais

2.2. la double nationalité: Autorisation et reconnaissance

La **double nationalité**, cas le plus fréquent de la « multinationalité », est le fait de posséder simultanément deux nationalités.

La majorité des états du monde la reconnaissent ou la tolèrent, en particulier en Europe. Certains États l'interdisent expressément : dès lors soit leurs nationaux qui acquièrent une autre nationalité sont automatiquement déchus de leur nationalité précédente (ce fut le cas des Belges qui acquirent une autre nationalité — sauf la nationalité israélienne — de 1984 à 2007), soit ils exigent une preuve que la personne qui acquiert leur nationalité a renoncé à sa nationalité précédente. D'autres se contentent de ne pas reconnaître la deuxième nationalité ou de n'en pas tenir compte lorsque la personne se trouve sur leur territoire (cas de la France). D'autres enfin l'autorisent pleinement et simplement. Certains ne l'interdisent que pour l'exercice de certains mandats politiques ou fonctions publiques, comme l'Algérie.

En matière de double nationalité, autorisation ne veut pas dire reconnaissance. La majorité des pays autorisant la double nationalité, dont la France, ne la reconnaissent pas, c'est-à-dire qu'ils considèrent leurs citoyens comme possédant à un moment donné une seule nationalité. Concrètement, cela signifie que quelqu'un résidant dans un tel pays en tant que national (faisant usage, par exemple de sa carte d'identité pour différentes formalités), est traité comme tel et ne peut se prévaloir de son autre nationalité pour bénéficier, par exemple, de mesures plus avantageuses réservées aux étrangers.

En France, toutefois, si la double nationalité n'est pas inscrite dans le droit français, elle est ancrée dans une longue tradition, comme le rappelait en mai 2011 à l'AFP l'historien Patrick Weil. « La France a toujours accepté la double nationalité, comme le Royaume-Uni. Après la Première Guerre mondiale, lors de la réintégration de l'Alsace-Moselle dans la République française, certains Allemands installés dans la région voulaient devenir français tout en gardant aussi leur nationalité d'origine. Cela n'a posé aucun problème ». Selon le professeur Paul Lagarde, spécialiste de la nationalité et auteur de ***La nationalité française***, « il y a des enfants qui sont des doubles-nationaux par filiation, c'est une hypothèse extrêmement courante, il y a une double liaison qui est parfaitement légitime... je ne vois pas pourquoi il faut les obliger à choisir, et pourquoi la volonté individuelle ici viendrait se substituer à un facteur de rattachement, qui est double par nature et qui rattache cet enfant à deux pays. ».

En ce qui concerne les services consulaires, certains pays comme la France en accordent l'accès à tous leurs citoyens quel que soit leur statut dans le pays. D'autres, comme l'Iran ou le Mexique, refusent en principe l'accès des services consulaires à leurs citoyens s'ils résident en tant que nationaux dans le pays où se situe le consulat. Selon la Master Nationality Rule découlant de l'article 4 de la Conférence de la Haye de droit international privé « … un État peut refuser la protection diplomatique à l'un de ses citoyens contre un autre État dont ce citoyen possède également la nationalité ».

Si un individu s'engage dans des activités politiques ou militaires dans un des pays dont il est citoyen, il le fait en renonçant à l'assistance des autres pays dont il est citoyen dans le cas où sa vie serait menacée.

2.3. Droits et devoirs

Un citoyen binational détient deux passeports, ce qui peut faciliter le passage de frontières ou l'obtention de visas. Il peut parfois voter lors des élections nationales des deux pays (si l'un des pays n'exige pas que les électeurs soient résidents permanents).

Ceci explique que la binationalité apparaisse parfois comme un privilège par rapport aux mononationaux et comme une atteinte au principe d'égalité des droits.

Le binational doit respecter ses obligations dans chaque pays. Par exemple, en Belgique, le vote est obligatoire ; le citoyen américain résidant à l'étranger continue à payer des impôts aux États-Unis. La multi nationalité crée ainsi des contraintes pas toujours conciliables (service militaire...).

2.4. Arrêt Nottebohm et la Convention de Strasbourg (1963) et le Conseil de l'Europe

Dans son célèbre arrêt Nottebohm du 6 avril 1955[6], la Cour internationale de justice a déclaré que les autorités du Guatemala pouvaient considérer comme allemand un ressortissant allemand qui venait d'acquérir la nationalité du Liechtenstein, considérant que cette nouvelle nationalité n'était pas effective. Ce faisant, la Cour n'a pas retiré à M. Nottebohm la nationalité du Liechtenstein et n'a donc pas annulé de normes ni d'actes émis par ce pays, mais s'est contentée de la rendre inopposable à un autre pays, en l'occurrence le Guatemala.

Le Conseil de l'Europe a édicté le 6 mai 1963 la Convention de Strasbourg, dont les objectifs étaient explicités dans les considérants préalables:« Considérant que le but du Conseil de l'Europe est de réaliser une union plus étroite entre ses membres ; Considérant que le cumul de nationalités est une source de difficultés et qu'une action commune en vue de réduire autant que possible, dans les relations entre États membres, les cas de pluralité de nationalités, répond au but poursuivi par le Conseil de l'Europe ;Considérant qu'il est souhaitable qu'un individu qui possède la nationalité de deux ou plusieurs Parties contractantes n'ait à remplir ses obligations militaires qu'à l'égard d'une seule de ces Parties. »

À la suite de cette convention, toute acquisition d'une nouvelle nationalité (par naturalisation ou autre moyen) d'un des États contractants par un citoyen d'un autre État contractant devait en principe, hors exceptions, conduire à l'abandon automatique de la nationalité d'origine. Certaines exceptions pouvaient être admises, à la requête des États (par exemple pour le cas de « la déclaration souscrite par la femme en vue d'acquérir la nationalité du mari au moment et par l'effet du mariage », prévu dans l'annexe; disposition dont on peut raisonnablement penser qu'elle visait à protéger les femmes d'éventuelles dissolutions de fait ou de droit du mariage et leur permettre ainsi de résider à nouveau dans leur pays d'origine en cas d'expatriation préalable).

Un certain nombre d'États de la Convention ont toutefois passé un accord d'interprétation en 2007 leur permettant de « dénoncer à tout moment le Chapitre I de la Convention ». C'est ce qu'a fait la Belgique dès 2007 et la France en 2009 : dès lors, depuis le 5 mars 2009, l'acquisition volontaire de la nationalité d'un des États parties à cette convention par un ressortissant français n'entraîne plus de plein droit la perte de la nationalité française[8]. Les États ayant signé cet accord ouvrant donc de plus larges possibilités de double nationalité s'ils décident de dénoncer cette partie de la Convention sont : l'Autriche, la Belgique, le Danemark, la France, l'Irlande, l'Italie, le Luxembourg, les Pays-Bas, la Norvège, l'Espagne, la Suède et le Royaume-Uni.

2.5. La double nationalité en France

Contrairement aux nombreuses attaques contre le droit du sol en Europe, et surtout en France, la plupart des binationaux le sont « d'origine », par le sang de leurs ascendants et par l'histoire.

Selon l'INED, les binationaux représentent, en 2008, 3,3 millions de personnes soit 5 % de la population de France métropolitaine âgée de 18 à 50 ans, dont 90 % sont immigrés ou descendants d'immigrés. Près de la moitié des immigrés ayant acquis la nationalité française ont conservé leur nationalité d'origine. Les binationaux sont très rares chez les originaires d'Asie du Sud-Est (moins de 10 %), tandis que plus des deux tiers des immigrés du Maghreb, 55 % des immigrés de Turquie et 43 % de ceux du Portugal combinent la nationalité française et celle de leur pays d'origine. Contrairement aux immigrés d'origine italienne ou espagnole, les originaires des autres pays de l'UE28 ont majoritairement recours à la double nationalité quand ils deviennent Français.

Un certain nombre de Français d'origine marocaine, particulièrement ceux qui ont pris une certaine distance avec certaines contraintes du mode de vie du pays d'origine, possèdent la nationalité marocaine à leur insu et ne découvrent qu'en cas de visite à des parents qu'ils ont la nationalité marocaine et sont légalement tenus de renouveler leurs papiers d'identité auprès d'un consulat du Maroc. Ainsi, un Français d'origine marocaine ne peut obtenir de carte de séjour dans le cadre d'une mission (par exemple un fonctionnaire français détaché) ou d'un travail au Maroc. Ce pays leur impose en effet une nationalité qui interdit de leur délivrer une carte de séjour et confère aux autorités locales un droit de regard sur la légalité d'une union (cas du mariage d'une nationale avec un non-musulman, tout Marocain non-juif étant supposé musulman et tenu de l'être) ou la conformité du prénom des enfants.

Les Français séjournant dans ce pays (on songe aux nombreux retraités français qui y demeurent) sont donc soumis à un droit différent selon qu'ils sont ou pas d'origine marocaine, quel que soit leur avis personnel sur la question.

Il faut noter que, contrairement à une idée reçue, les individus nés avec deux nationalités (dans la quasi-totalité des cas, les enfants issus de couples algéro-français sont des binationaux puisque le parent algérien ne peut pas renoncer à sa nationalité algérienne, sauf par décret publié au JO algérien, même en acquérant la nationalité française, et que ce renoncement n'aurait de toute façon pas d'effet collectif sur les enfants qui restent algériens au regard de la loi algérienne[11]), qu'ils soient conscients ou non de leur « binationalité », bien souvent ne peuvent de toute façon pas y renoncer, tels les Franco-Algériens ou Franco-Tunisiens de naissance. Ainsi, le code algérien de la nationalité n'autorise pas les individus nés avec au moins deux nationalités dont l'algérienne à renoncer à cette dernière.

Un individu né Algérien et Français, qui n'a donc pas accompli de démarche volontaire pour acquérir la nationalité française, n'entre pas dans le cadre de l'article 18 sur la perte de la nationalité du code de la nationalité algérienne. Le choix pourrait à la limite se faire au détriment de la nationalité française, puisque la répudiation est possible côté français. Le droit tunisien est encore plus restrictif et ne prévoit aucun mécanisme de renoncement délibéré à la nationalité. Seul le Maroc laisse en théorie la possibilité aux Marocains nés « binationaux » de perdre leur nationalité si, « ayant une nationalité étrangère d'origine », ils y sont autorisés «par décret» (article 19 du code de la nationalité).

2.6. L'interdiction totale de la double nationalité comme la république Démocratique du Congo: cas de quelques pays

2.6.1. Azerbaïdjan

L'Azerbaïdjan ne reconnaît pas la double citoyenneté. Un citoyen azerbaïdjanais qui acquiert une citoyenneté étrangère perd automatiquement la citoyenneté azerbaïdjanaise. Toutefois, il peut recouvrer la citoyenneté azerbaïdjanaise en soumettant une demande au président de la République d'Azerbaïdjan qui possède les pouvoirs de décision exclusifs dans un tel cas.

2.6.2. Chine

La Chine ne reconnaît pas la double citoyenneté. Selon la Loi de nationalité de la République populaire chinoise, un citoyen chinois qui acquiert une citoyenneté étrangère perd automatiquement la citoyenneté chinoise.

2.6.3. Géorgie

Les Géorgiens n'ont pas le droit d'avoir à la fois la nationalité géorgienne et une nationalité étrangère.

2.6.4 République du Congo

La République du Congo ("Congo-Brazzaville"), dont les citoyens sont aussi appelés *Congolais* (ce qui peut créer une certaine confusion avec le "Congo-Kinshasa"), autorise la double nationalité (article 19 de la constitution).

2.6.5. Japon

Sous la loi japonaise, les adultes ne peuvent généralement pas avoir la citoyenneté japonaise et étrangère à la fois.

2.6.6.Ukraine

L'Ukraine ne reconnaît pas la double citoyenneté. Il est obligatoire d’abandonner la nationalité étrangère avant l'acquisition de la nationalité ukrainienne ou dans un délai de un an après, selon les traités signés avec le pays d'origine du ressortissant.

2.7. Tolérance partielle de la double nationalité

2.7.1. Belgique

En 2007, la Belgique a dénoncé la Convention de Strasbourg du Conseil de l'Europe du 6 mai 1963 qu'elle avait ratifiée en 1991 et la législation belge a été modifiée en 2008[19]. Depuis l'entrée en vigueur de la Loi Gol de 1984 et jusqu'à la modification de 2008, le Belge qui acquérait volontairement une autre nationalité perdait la belge. Cette modification n'a pas d'effet rétroactif, le Belge ayant perdu sa nationalité ne récupère pas automatiquement la nationalité belge et doit passer par une procédure de réintégration par voie judiciaire.

2.7.2. Éthiopie

La législation éthiopienne prévoit explicitement la perte de la nationalité d'un ressortissant éthiopien qui prend une autre nationalité. Cependant, la constitution du pays[20] prévoyant dans son article 6 que l'enfant d'un Éthiopien est de nationalité éthiopienne, les personnes qui acquièrent de par leur naissance une autre nationalité (soit qu'elle ait lieu dans un pays qui applique un droit du sol, soit que l'autre parent transmette aussi sa nationalité) peuvent être binationaux.

2.7.3. Allemagne

Une loi de juin 2014 permet à tous les Allemands d'origine étrangère d'obtenir la double nationalité. Jusqu'à présent, un jeune né de parents étrangers devait, à 23 ans, choisir entre garder son passeport d'origine ou l'échanger pour un allemand. Il peut désormais obtenir deux passeports, s'il a vécu huit ans dans le pays, ou y a étudié au moins six ans. La loi allemande sur la nationalité, modifiée en 2000, ne reconnaissait la double citoyenneté que dans des cas exceptionnels, tels que ceux ouverts par l'adoption, ou ceux concernant les ressortissants des pays de l'Union européenne et de la Suisse.

2.7.4. Cameroun

Au Cameroun, loi n° 1968-LF-3 du 11 juin 1968[23], portant sur le code de la nationalité, dispose, chapitre IV, article 31 que « perd la nationalité camerounaise (...) le Camerounais majeur qui acquiert ou conserve volontairement une nationalité étrangère », cependant cette disposition ne s'applique pas aux femmes camerounaises qui épousent un conjoint étranger.

La réintégration de la nationalité camerounaise (par exemple à travers la restauration) doit être sanctionnée par décret. Malgré cette interdiction, un certain nombre de personnalités camerounaises possèdent un deuxième passeport (Richard Bona, Prince Eyango, Samuel Eto'o, Roger Milla, etc).

2.7.5. Madagascar

L'article 42 titre 3 chapitre 1 de l'ordonnance N° 60 - 064 du 22 juillet 1960 « Perd la nationalité Malgache, le Malgache majeur qui acquiert volontairement une nationalité étrangère » n'est pas rigoureusement appliqué. On estime notamment à environ 12 000 à 13 000 le nombre de Malgaches résidents à Madagascar et qui possèdent la double nationalité Française et Malgache, le nombre de personnes bénéficiant de la double nationalité et résidents en France est inconnu mais pourrait approcher les 50 000.

2.7.6. Norvège

En Norvège, la double-nationalité est normalement interdite[29]:

- sauf dans le cas de la naissance d'un enfant dont un parent a une autre nationalité,

- sauf dans le cas où un Norvégien acquiert une autre nationalité sans avoir fait de démarches épouse un étranger dont le pays prévoit la double nationalité automatique.

Dans les autres cas, si un Norvégien veut acquérir une autre nationalité, il doit renoncer à la nationalité norvégienne, et si un étranger veut devenir norvégien il doit renoncer à sa nationalité d'origine.

2.8. Interdiction totale dans le passé, actuellement supprimée

2.8.1. Bolivie

L'article 39 de la Constitution bolivienne de 1967 précisait que « *La nacionalidad boliviana se pierde por adquirir la nacionalidad extranjera, bastando para recobrarla domiciliarse en Bolivia exceptuando a quienes se acojan al régimen de nacionalidad plural en virtud de convenios que a este respecto se firmen* »[30](« *La nationalité bolivienne se perd en acquérant une autre nationalité, suffisant, pour la recouvrer, de vivre en Bolivie, sauf pour ceux qui adoptent la double nationalité d'un pays possédant des accords bilatéraux avec la Bolivie* »).

En 2002, cet article a été modifié afin de permettre aux Boliviens de l'étranger d'acquérir la nationalité de leur pays de résidence : « *La nacionalidad boliviana no se pierde por adquirir nacionalidad extranjera. Quien adquiera nacionalidad boliviana no será obligado a renunciar a su nacionalidad de origen* »[31]. « *La nationalité bolivienne ne se perd pas en acquérant une nationalité étrangère. Celui qui acquiert la nationalité bolivienne ne sera pas obligé de renoncer à sa nationalité d'origine* ».

2.8.2. Fidji

Longtemps interdite, la double nationalité pour les ressortissants des Fidji est autorisée depuis un décret de 2009 (*Citizenship of Fiji Decree*). Les personnes obtenant une nationalité étrangère ne sont plus tenues de renoncer à leur nationalité fidjienne. Et les personnes ayant dû y renoncer pour cette raison dans le passé peuvent désormais retrouver leur nationalité fidjienne sans perdre leur seconde nationalité. Le gouvernement indique « deux principaux objectifs » pour cette mesure : inciter les expatriés à revenir investir aux Fidji, et, sur le plan humain, inviter notamment les expatriés âgés à revenir prendre leur retraite aux Fidji en pleine jouissance de leurs droits.

2.8.3.Haïti

Sur les autres projets Wikimedia :

- Haïti : le droit à la double nationalité adopté, sur Wikinews

L'article 15 de la Constitution haïtienne précise que « La double nationalité haïtienne et étrangère n'est admise dans aucun cas ». Mais récemment, une version amendée de la Constitution de 1987 a été promulguée par le président Michel Martelly permettant aux Haïtiens vivant dans la diaspora en tant que citoyens de rester citoyens d'Haïti. Adoptée en 1987, la constitution avait été amendée et publiée en mai 2011, peu avant l'entrée en fonction du président Martelly, mais le document a été revu et corrigé « de concert avec les autres pouvoirs, législatif et judiciaire en raison de nombreuses « erreurs matérielles » découvertes dans le texte. »

2.9. Interdiction limitée à certaines fonctions

Plusieurs pays interdisent aux mandataires politiques de détenir une autre nationalité que celle du pays où ce mandat est exercé, notamment l'Australie, la Bulgarie, la Dominique, la Jamaïque, le Kirghizistan et Taïwan. Le cas de la Dominique, de la Jamaïque et de quelques autres anciennes colonies britanniques des Antilles est toutefois particulier, dans la mesure où la nationalité d'un autre pays du Commonwealth n'est pas considérée comme un obstacle à l'exercice d'un mandat politique.

2.9.1. Australie

L'alinéa (i) de la section 44 de la Constitution australienne précise que « Toute personne qui est soumise à toute reconnaissance d'allégeance, d'obéissance ou d'adhésion à une puissance étrangère, ou est un sujet ou un citoyen ou ayant droit aux droits ou privilèges d'un sujet ou d'un citoyen d'une puissance étrangère (...) sera incapable d'être choisi ou de siéger en tant que sénateur ou membre de la Chambre des représentants ». En d'autres termes, un double national ne peut pas être candidat à des élections fédérales.

2.10. Dénombrement

La loi française n'oblige pas un citoyen à signaler à l'état civil qu'il possède une autre nationalité. Il ne peut donc exister de statistique officielle. Cependant et depuis une loi du 16 juin 2011, lors de son acquisition de la nationalité française par décision de l'autorité publique ou par déclaration, l'intéressé indique à l'autorité compétente la ou les nationalités qu'il possède déjà, la ou les nationalités qu'il conserve en plus de la nationalité française ainsi que la ou les nationalités auxquelles il entend renoncer. Aucune sanction n'est prévue en cas de fausse déclaration.

Aux Pays-Bas, les administrations municipales mentionnent d'office la double nationalité, notamment à la naissance des enfants. Cette pratique a été remise en cause par des parlementaires de plusieurs partis, notamment fin 2010 : « les enfants de couples mixtes sont également enregistrés dans l'administration municipale comme Turcs ou Marocains. On craindrait par exemple une réaction du Maroc, pour lequel on reste toujours marocain.

En conclusion, la possibilité de détenir la nationalité congolaise concurremment avec une autre nationalité ne constitue pas une aberration juridique. Elle procurerait, sans porter préjudice à la RDC, beaucoup de satisfaction aux congolais qui ont été privés de leur nationalité d'origine, du fait d'avoir acquis une nationalité étrangère ou la nationalité congolaise.

De plus, l'article 10 de la Constitution qui fonde l'unité et l'exclusivité de la nationalité congolaise peut être révisé sans violer ni transgresser l'article 220. On peut le réviser pour permettre de détenir la nationalité congolaise concurremment avec la nationalité d'un État qui n'a jamais agressé la RDC et/ou qui n'y a jamais soutenu, même implicitement, une rébellion.

On se rappellera qu'aux fins de répondre aux exigences des Burundais et des Rwandais établis sur le territoire de la RDC, le constituant congolais leur a octroyé collectivement la nationalité congolaise d'origine. Pourquoi ne rouvrirait-il pas cette nationalité aux originaires congolais dépouillés "***ex lege***" de leur nationalité du fait de l'acquisition d'une nationalité étrangère?

Bibliographies, notes et références

1. Constitution de la République Démocratique du Congo du 18 février 2018 telle que modifiée à ce jour
2. Loi n°04-024 du 12 novembre 2004 relative à la nationalité congolaise
3. La double nationalité, une tradition française [archive], Le Figaro, 09/07/2011
4. *Etre français aujourd'hui et demain - Tomes 1 et 2 : rapport remis au Premier ministre par la Commission de la nationalité présidée par M. Marceau Long*, La Documentation française, 1998, p.123
5. Cour internationale de justice, affaire Nottebohm (deuxième phase), Liechtenstein c. Guatemala, arrêt du 6 avril 1955
6. Convention sur la réduction des cas de pluralité de nationalités et sur les obligations militaires en cas de pluralité de nationalités - Convention de Strasbourg, 1963
7. Convention de Strasbourg du 6 mai 1963 , Consulat général de France

8 Delphine Perrin, *La plurinationalité en Méditerranée occidentale. Politiques, pratiques et vécus*, Institut de recherches et d'études sur le monde arabe et musulman, 2017, p.4

9. Double nationalité et identité nationale , INED, 2012
10. Alcide Darras, ?Albert Geouffre de Lapradelle, Jean Paulin Niboyet, *Revue Critique de Droit International Privé*, Librairie du Recueil Sirey, 1991, Volume 80, p.5
11. Binationalité : l'impossible renoncement , Libération, par Valentin Graff, 29 février 2016

12. Azerbaïdjan : information sur la reconnaissance de la double citoyenneté (Haut Commissariat des Nations unies pour les réfugiés)

13. Loi sur la Citoyenneté de la République d'Azerbaïdjan: En anglais Citizenship Law of the Republic of Azerbaijan (Conseil de l'Europe) et en azéri: Azərbaycan Respublikasının Vətəndaşlığı Haqqında (Ministère de la Justice de la République d'Azerbaïdjan)

14. Loi n° 04/024 du 12 novembre 2004 relative à la nationalité congolaise

15. Loi n° 1981/002 du 29 juin 1981 sur la nationalité zaïroise

16. http://www.coe.int/t/dghl/standardsetting/nationality/Bulletin_fr_files/Ukraine%202004%20F.pdf

17. http://www.just.fgov.be/fr_htm/faq/07.htm

18. Constitution de la FDRE , consulté le 16 juillet 2011.

19. Le cumul des nationalités - Allemagne , consulté le 24 novembre 2013.

20. - Naturalisation/ Acquisition de la nationalité allemande , consulté le 24 novembre 2013.

21. Eric Essono Tsimi, *Le principe de double nationalité au Cameroun*, Paris, L'Harmattan, 2012, 82 p. (ISBN 9782296511521, lire en ligne), p. 82

22. « Loi n° 1968-LF-3 du 11 juin 1968, Portant code de la nationalité camerounaise » , sur *citizenshiprightsinafrica*

23. « Cameroun : propositions pour une double citoyenneté fructueuse », sur *afrik.com*, 25 janvier 2016 (consulté le 21 mai 2016)

24. « CAMEROUN: Ces célébrités qui torpillent la Constitution avec un passeport étranger », sur *times24.info*, 1er avril 2015 (consulté le 21 mai 2016)

25. Ordonnance n° 60 - 064 du 22 juillet 1960 portant Code de la nationalité malgache (J.O. n°111 du 23.07.60 p.1305)

26. France, la double nationalité mise en cause

27. (en) « Dual citizenship - UDI », sur *www.udi.no* (consulté le 15 octobre 2017)

28. Republica de Bolivia, Constitución de 1967

29. República de Bolivia, Constitución Política de 1967, con reformas de 1994, texto concordado de 1995, y reformas de 2002, 2004 y 2005

30. (en) "Fiji Consular Services – Fiji Citizenship", Consulat général des Fidji en Australie

31. Constitution de la République d'Haïti - De la nationalité haïtienne

32. http://www.hpnhaiti.com/site/index.php/hait-diaspora-trait-dunion/miami/6459-haiti-amendement-enfin-la-double-nationalite-pour-la-diaspora-haitienne

33. Pierre-Yves Lambert, « Prohibition de la binationalité pour les mandataires politiques », *Suffrage Universel*

34. Article 21-27-1 du Code civil

35. Presse néerlandaise du mercredi 10 novembre 2010

36. Prof. Constantin YATALAN SOMWE NTAMBWE Diur sur l'indépendance du pouvoir judiciaire en RDC : "L'indépendance du pouvoir judiciaire à l'égard du pouvoir exécutif au Congo-Kinshasa", voir mon article http://www.droitcongolais.info/files/INDEPENDANCE-DU-

Table des matières

Structures éditoriales du groupe L'Harmattan

L'Harmattan Italie
Via degli Artisti, 15
10124 Torino
harmattan.italia@gmail.com

L'Harmattan Hongrie
Kossuth l. u. 14-16.
1053 Budapest
harmattan@harmattan.hu

L'Harmattan Sénégal
10 VDN en face Mermoz
BP 45034 Dakar-Fann
senharmattan@gmail.com

L'Harmattan Cameroun
TSINGA/FECAFOOT
BP 11486 Yaoundé
inkoukam@gmail.com

L'Harmattan Burkina Faso
Achille Somé – tengnule@hotmail.fr

L'Harmattan Guinée
Almamya, rue KA 028 OKB Agency
BP 3470 Conakry
harmattanguinee@yahoo.fr

L'Harmattan RDC
185, avenue Nyangwe
Commune de Lingwala – Kinshasa
matangilamusadila@yahoo.fr

L'Harmattan Congo
219, avenue Nelson Mandela
BP 2874 Brazzaville
harmattan.congo@yahoo.fr

L'Harmattan Mali
ACI 2000 - Immeuble Mgr Jean Marie Cisse
Bureau 10
BP 145 Bamako-Mali
mali@harmattan.fr

L'Harmattan Togo
Djidjole – Lomé
Maison Amela
face EPP BATOME
ddamela@aol.com

L'Harmattan Côte d'Ivoire
Résidence Karl – Cité des Arts
Abidjan-Cocody
03 BP 1588 Abidjan
espace_harmattan.ci@hotmail.fr

Nos librairies en France

Librairie internationale
16, rue des Écoles
75005 Paris
librairie.internationale@harmattan.fr
01 40 46 79 11
www.librairieharmattan.com

Librairie des savoirs
21, rue des Écoles
75005 Paris
librairie.sh@harmattan.fr
01 46 34 13 71
www.librairieharmattansh.com

Librairie Le Lucernaire
53, rue Notre-Dame-des-Champs
75006 Paris
librairie@lucernaire.fr
01 42 22 67 13

www.ingramcontent.com/pod-product-compliance
Lightning Source LLC
LaVergne TN
LVHW051411061026
849535LV00009B/3487